二战战术手册

步兵突击和战场通信战术

［英］格尔顿·L. 罗特曼　著
［英］彼得·丹尼斯　绘
邢天宁　译

民主与建设出版社
·北京·

图书在版编目（CIP）数据

二战战术手册．步兵突击和战场通信战术 /（英）格尔顿·L. 罗特曼著 ;（英）彼得·丹尼斯绘 ; 邢天宁译. 北京 : 民主与建设出版社, 2025. 9. -- ISBN 978-7-5139-5014-5

Ⅰ. E83-62

中国国家版本馆 CIP 数据核字第 2025QF9973 号

著作权登记合同 图字：01-2025-2776

二战战术手册：步兵突击和战场通信战术

ERZHAN ZHANSHU SHOUCE: BUBING TUJI HE ZHANCHANG TONGXIN ZHANSHU

著　　者　［英］格尔顿·L. 罗特曼
绘　　者　［英］彼得·丹尼斯
译　　者　邢天宁
责任编辑　宁莲佳
封面设计　但佳莉
出版发行　民主与建设出版社有限责任公司
电　　话　（010）59417749　59419778
社　　址　北京市朝阳区宏泰东街远洋万和南区伍号公馆 4 层
邮　　编　100102
印　　刷　重庆长虹印务有限公司
版　　次　2025 年 9 月第 1 版
印　　次　2025 年 9 月第 1 次印刷
开　　本　710 毫米 ×1000 毫米　1/16
印　　张　14
字　　数　225 千字
书　　号　ISBN 978-7-5139-5014-5
定　　价　99.80 元

注：如有印、装质量问题，请与出版社联系。

目　录

CONTENTS

单位换算表

距离和长度

1 英里 ≈ 1.61 千米

1 码 ≈ 0.91 米

1 英尺 ≈ 0.30 米

1 英寸 ≈ 2.54 厘米

重量

1 磅 ≈ 0.453 千克

容积

1 加仑（美制）≈ 3.79 升

1 盎司（英制）≈ 0.028 升

步兵突击战术

第一部分

术语释义

后备阵地（Alternate Position），是守军在第一道阵地失陷或无法维持时会占据的阵地，而且这种阵地的射界应覆盖第一道阵地。

冲击 / 攻击出发阵地（Assault/Attack Position），即发起攻击的阵地。

集结区域（Assembly Area），是各单位集结并准备发动攻击的阵地。

反击（Counter-Attack），此类攻击旨在驱散或阻止敌人，使其无法巩固已夺取的目标。

射击死角 / 死界（Dead Zone/Dead Ground），是指无法从既定位置观察到或用火力覆盖的区域。

遮蔽阵地（Defilade），是选址时专门安排的、旨在免遭观察和火力打击的阵地。

纵射（Enfilade），是指火力能扫过目标全长或长轴。

视野 / 射界（Field of Observation/Fire），是可以从特定位置进行监视和（或）用火力覆盖的区域。

攻击出发线（Line of Departure），即发起冲击的指定起点线。

主防线（Main Line of Resistance），是主要防御阵地的前线走向。

主阵地（Main Position），即主要阵地，其中布置了具备一定射界的武器。

主攻（Main Attack），是旨在夺取主要目标的最重要的攻击。

相互支援（Mutual Support），指相邻阵地利用火力为彼此提供的掩护或支援。

前哨（Outpost），位于主防线前方的阵地内，旨在提供警戒。

碉堡 / 地堡（Pillbox/Bunker），这是对上方有遮挡的加固阵地的统称。

辅助阵地（Supplementary Position），是为主区域之外的其他区域（如侧翼或后方）提供火力覆盖的阵地。

殉爆（Sympathetic Detonation），是指一块炸药被引爆后，其附近若干不相连的炸药同时发生的爆炸。

引　言

军事规划、采购和准备工作涉及众多方面，其范围从中央政府一直延伸至基层。不管这些工作内容如何，其最终目标都只有一个，那就是让一个排的步兵能够对某片树丛、某个山坡、某处碉堡或某个城市街区发动进攻。在一场大型战争中，这种进攻看上去无关紧要且一天之内可能发生数百次，但每次进攻都是独特的。不仅如此，这些小规模攻击的结果累积起来，往往会决定一支军队的胜负。

步兵排的任务五花八门，而其中一项重要任务就是对敌占目标发动近距离突击，即“运用火力和机动与敌军近战，并将其歼灭或俘虏”。需要指出的是，不管装备如何精良，战前训练如何有素，步兵单位都必须根据敌军的战术、武器、障碍和工事，以及地形、植被和天气，不断调整其战术和武器运用方式。

在各种突击行动中，难度最大的是突击野战工事（如堑壕体系、碉堡、掩体、大型永备工事群、洞穴、坑道或设防建筑物）。这种行动不仅涉及攻克目标本身，还包括一系列其他工作。负责攻击的排必须先前进，并确定目标位置。这需要该排穿越崎岖的地形或者密林，并在夜间和（或）恶劣天气下行动。该排还要一路克服人造障碍和自然障碍。攻击者经常会遭到敌军从多个方向上发起的攻击。这些攻击不仅包括来自当面守军的攻击，还包括其他方向上的敌军提供的支援火力。有时候，参战部队还必须在发起突击前克服不利条件，例如冲出登陆艇舱门，从水陆两用车的侧面跳下，蹒跚地离开坠毁的滑翔机，割断降落伞的伞具。

步兵排

步兵排是一种全能小型作战单位，也是所有突击行动的核心。不过，步兵排在战斗中的实际编组往往会与编制表上的编制存在很大差异。这一情况的具体成因有三：第一，在战斗中，作战单位经常人员短缺；第二，作战单位的武器数量有时会与额定编制存在差异；第三，作战单位的编组会根据具体任务进行调整。换言之，步兵排的标准编制不过是个容纳兵员和武器的“基本框架”，而实际编组会根据特定的战斗任务不断变化。[1]

步兵排是执行火力与机动任务的最基本的小分队。一个步兵排下属 2 至 4 个班（Squad，美军通常会使用这个术语）或分队（即有些国家的军队所称的“Section”

或“Group”)。各班在进攻时不会各自为战，而是作为全排的一部分相互合作。在一个连中，两个排通常在前方协同作战，第三个排提供支援，而这种“两前一后”的作战方式几乎是各国军队的标准作战方式。其中，支援排可担任“预备队”以巩固战果，可对敌人进行侧翼迂回，可从另一个方向上发起攻击，可被用来扩大战果，可替换一个疲惫的突击排来保持进攻节奏，可掩护己方暴露的侧翼，还可为突击排提供直接火力支援。

战斗工兵通常会协助步兵构建障碍和雷场(但大部分工作仍由步兵排承担)，修复道路和小型桥梁，以及搭建可容纳指挥所和其他关键设施的工事。不过，战斗工兵也常常直接参与攻击，例如在雷场中开辟道路，突破或摧毁障碍，使用炸药和火焰喷射器去攻击敌军工事等。有些国家的军队条令还要求工兵在突击行动中充当带领步兵前进的“尖兵”。

各国陆军的步兵排在编制上惊人地相似。步兵排的排部包括 1 名尉官(即排长)、1 名排军士和至少 1 名士兵。这名士兵可能担任无线电员(但在二战中，电台很少被下发到排)，也可能充当军官的勤务兵或通信员。该排可能会有另外两三名传令兵，其任务主要是与连部而非各班联络。排长和排军士一般会通过呼喊、手势和哨子向班长们发号施令。该排可能还有 1 名医务兵，但伤员一般会由受过一定医护训练的普通士兵实施初步救治。

步兵排一般不下设“重武器班”，但在一些国家的陆军中，排部可能会装备 1 件重武器，比如 1 门轻型迫击炮或 1 件单兵反坦克武器。1943 年之前，德军的步兵排都配有 1 门 50 毫米迫击炮，英国和英联邦军队的步兵排配有 1 门 2 英寸迫击炮，而这些迫击炮主要被用来发射烟幕弹和信号弹。从 1943 年开始，英军和英联邦军队的步兵排配备的 1 支反坦克枪被 1 具步兵反坦克发射器(简写为“PIAT”)取代。1943 年年底，美军的步兵排装备了 1 具“巴祖卡”。一些日军步兵小队配备 1 个 50 毫米掷弹筒分队[①]，而这样 1 个分队会装备 3 支这种被美军称为“膝上迫击炮”的掷弹筒，但这种掷弹筒通常被下发给各个轻机枪分队或步枪分队。

① 译者注：从规模来看，日军的小队相当于排，分队相当于班。

迫击炮能够提供重要支援，包括压制附近敌军阵地的火力以掩护通往目标的通道，制造烟雾，以及打击敌军的反击。在这张拍摄于诺曼底的照片中，英军第 3 步兵师下属一个支援营的 4.2 英寸 Mk 1 迫击炮由履带式运输车运输，而且在设计上与各国步兵营使用的 80 毫米勃兰特式（Brandt-Type）轻型迫击炮基本相同。请注意照片右侧，1 枚 20 磅迫击炮弹的尾翼之间固定有增程推进剂，而这种步兵用的“袖珍火炮”的射程可达 2.25 英里。（英国帝国战争博物馆，图片编号 B5575）

通常情况下，每个步兵排有 3 个装备轻机枪或步枪的班（在德军和苏军中，1 个步兵排最初有 4 个班，但是由于伤亡和缺编，实际只有 3 个甚至 2 个班。之后，步兵排的正式编制很快也被缩减为 3 个班）。1 个班在满编时有 9 至 13 人，但在实际战斗中经常只有 5 至 7 人。班长一般是下士或者中士。此外，每个班还有 1 名副班长、1 名轻机枪手或自动步枪手、1 名装弹手（协助轻机枪手或自动步枪手）、1 名弹药搬运手（同时充当步枪手），以及若干步枪手（至少有 1 人配备枪榴弹发射器）。日军步兵分队有时会装备 1 具 50 毫米掷弹筒。苏军的部分步兵班会装备 2 挺轻机枪，这就使一些步兵排拥有 2 个各配备 2 挺轻机枪的“重型”班和 2 个各配备 1 挺轻机枪的“轻型”班。

班通常又被分成轻机枪组和步枪组。其中，轻机枪组有 2 至 4 人。班长可能同时指挥2个组，也可能亲自带领步枪组，并为轻机枪组引导火力。相应地，副班长可能指挥步枪组或轻机枪组，也可能只是让自己处在最有利于协助指挥全班的位置上（包括让自己在最后方压阵，以防士兵掉队）。战争初期，美军的步兵班还有1个包含2名侦察兵的组，而且班长可能会随同这个侦察组行动。这种安排后来被取消，原因是所有步兵都可以执行侦察任务，而且侦察组经常在前出时被敌方火力压制。

在20世纪30年代的“香蕉战争”[①]期间，美国海军陆战队非正式地采用了“火力组”战术，而这样一个组有三四名士兵，并以1支自动武器为核心。因此，美国海军陆战队中最低级的机动分队并不是班，而是这些火力组。二战初期，美国海军陆战队的每个步兵排都有3个步兵班和1个独立的BAR（勃朗宁自动步枪的英文简写）班。其中，每个步兵班都有9人，配备1支BAR；BAR班为8人，配备2支BAR。1943年4月，美国海军陆战队将步兵排改编为3个班。改编后的每个班有12人，装备2支BAR，而且可在行动时分成2个6人小组。1944年4月，美国海军陆战队又将步兵班改为13人制。这样的一个步兵班由1名班长和3个4人火力组组成，而每个火力组包括1名组长、1名BAR手、1名BAR副射手和1名普通步枪手。

各国陆军的连级支援武器差异明显。大多数国家的步兵连没有“武器排”，但美国是个例外。美国陆军的步兵连有1个配备2挺机枪和3门60毫米迫击炮的排，而美国海军陆战队有配备3挺机枪（后来增加到6挺）和3门迫击炮的武器排。需要指出的是，在战争初期，德军步兵连曾有1个装备2挺机枪（带三脚架）和3支反坦克枪的重武器班，但这种编制在1942年被取消；苏军步兵连则有1个装备50毫米迫击炮的班。另外，大多数国家的步兵营下辖3个步兵连，但英联邦军队的步兵营一般下辖4个连，而日军的大部分部队（通常）也是如此，即1个大队下辖4个步兵中队[②]。

在营一级，美国陆军和海军陆战队的步兵营都有1个重武器连。其中，陆军的重武器连装备6门迫击炮和6挺重机枪，而海军陆战队的重武器连装备4门迫

① 译者注：美国对拉美国家的武装干涉。
② 译者注：从规模来看，日军的大队相当于营，中队相当于连。

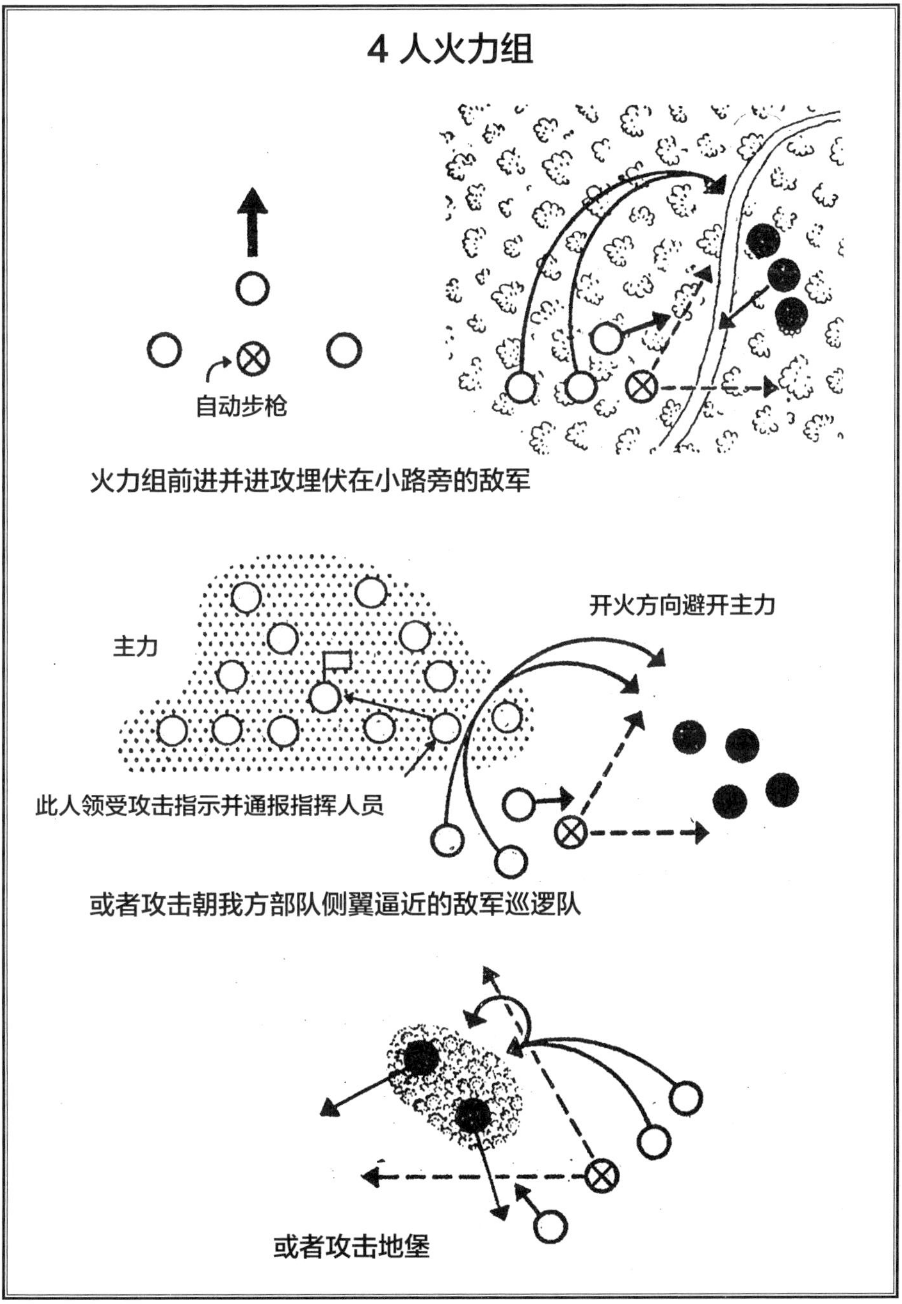

从 1944 年春开始，美国海军陆战队的步兵班改为 13 人，下设 3 个 4 人火力组。这些火力组会在射击和机动时相互合作。

击炮和 12 挺重机枪。1944 年，美国海军陆战队把营级机枪下放给了步兵连，将迫击炮交由营部连指挥。美国陆军的步兵营还装备了 4 门 37 毫米反坦克炮。在英国及英联邦军队中，每个营一般配有 1 个支援连。该支援连有 6 门 3 英寸迫击炮、6 挺中型机枪和 6 门 2 磅反坦克炮（后改为 6 磅反坦克炮），还有 1 个突击工兵排和 1 个通用轻型装甲车排。苏军步兵营拥有最强大的直属重型火力（前提是满编时），其下辖 1 个装备 9 挺重机枪的重机枪连、1 个装备 9 门 82 毫米迫击炮的迫击炮连、1 个装备 2 门 45 毫米反坦克炮和若干反坦克枪的反坦克排。德军步兵营有 1 个装备 18 挺机枪和 6 门 80 毫米迫击炮的机枪连。日军步兵大队下辖 1 个机关枪中队、1 个步兵炮小队或步兵炮中队。其中，机关枪中队有 4 挺、8 挺或 12 挺机枪，步兵炮小队或步兵炮中队装备的 70 毫米轻型步兵炮分别为 2 门或 4 门。

在团一级（英联邦军队为旅级），各国军队配备的支援武器差异很大，但通常包括反坦克炮、步兵炮（或轻型榴弹炮）和重型迫击炮。这些武器一般只为实施进攻的各排提供全般支援，而非直接支援。

目　标

在本书中，“目标”是指某一单位奉命去夺取、占领或肃清的地点或地区。在战术规划中，上级一般会为各营划分边界。这些边界是相邻单位之间的走廊地带，各单位在采取行动和布置火力时都不能越过边界。为避免在战斗中误伤友军，所有部队都不能向友邻单位的防区内开火，除非得到特别许可。上级很少为连和排划定边界，因为二者所辖部队少、行动区域小，足以通过目视联系进行控制。在行动中，连经常把目标细分并分配给各排。根据被分到的目标的特点和规模，各排有时也会给各班指定目标，例如让某个班去夺取某段战壕、某片树丛、某个碉堡、某栋建筑，甚至某座大型建筑的某一层。

防御战术

在小分队层面，各国军队的防御战术相差无几。负责防御的班、排和支援武器要各就各位，并用火力封锁正面、敌方接近路线和暴露的侧翼，还要与友邻单位形成交叉火网，以覆盖彼此之间的缺口。由于敌方的步兵和装甲车辆可能在不同路线上前进，守军必须有针对性地布置武器。不仅如此，如果不是迫不得已，敌人不会排成散兵线，在空地上大摇大摆地发动进攻，而是会全力运用各种掩蔽手段，以妨碍守军观察并阻止其发扬火力。这会使守军面临的形势更加复杂。

防御阵地的状况不仅受地形和天气的影响，而且与可用的物资、时间和武器有关，还受制于守军以往的经验。在筑垒地域，防御阵地一般以永备工事为核心构建。因此，防御阵地的具体配置往往取决于永备工事的类型、分布和结构。这也导致在筑垒地域内构建的防御阵地往往大同小异，但在其他区域构筑的防御阵地则不然。如果让两个排对同一片阵地进行防御规划，二者的安排也很可能大相径庭。另外，虽然各国都会在各自的条令手册中给出防御阵地的标准示例，但这些处于平坦地形上且拥有开阔射界的示例只是“理想的”防御阵地。实战中，由于地形复杂、植被不同、人员短缺或支援武器加强，防御阵地的正面和纵深相当复杂。不仅如此，由于战术需要，步兵排的防区正面也经常比条令规定的防区正面更宽。二战期间，部队一般采用“三三制”结构，即 1 个师下辖 3 个团，1 个团下属 3 个营，以此类推。部署时，每个师的 3 个团一般有 2 个位于前线，1 个位于

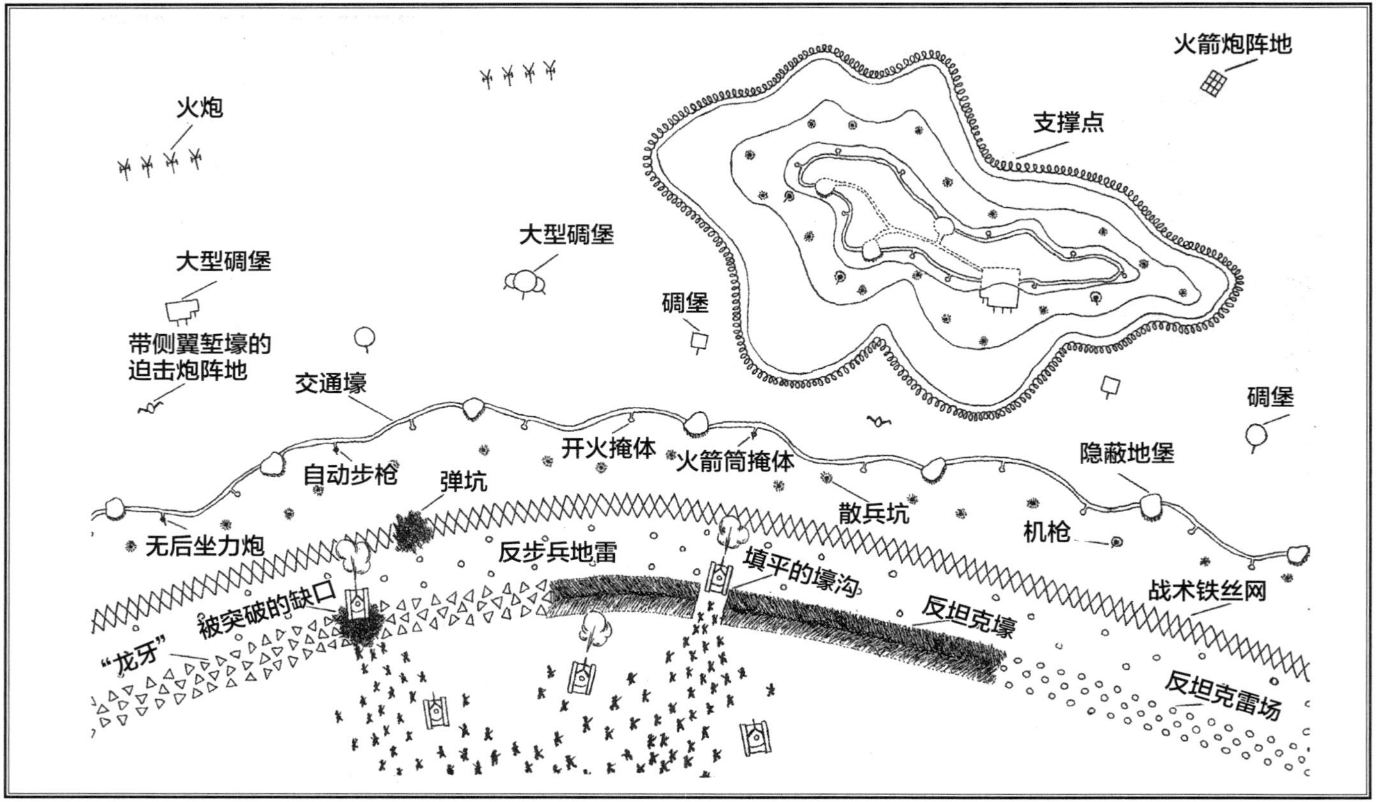

德军防御体系示意图。这一完整的防御体系包括了进攻部队可能遭遇的障碍和防御阵地，其主要特点是具有纵深，而且各个阵地能够相互支援。各国步兵排的理想防御正面宽度分别为 200 至 400 码（美国）、200 至 300 码（英国和日本）、250 至 300 码（苏联）、200 至 450 码（德国）。各国步兵排的理想进攻正面宽度约为其理想防御正面宽度的一半。

后方。这种部署也适用于团、营和连。因此，全师的 81 个步兵排通常只有 16 个真正位于最前沿，另外还有 8 个直接位于其后方以提供支援。

步兵排一般会把 3 个班全部放在一线。事实上,就算留 1 个班作为“预备队”，这样做的意义也微乎其微。这个班不仅不能进行反击，也无法创造防御纵深。相比之下，把全部火力集中到最前方无疑更好。二战初期，德军的步兵排有 4 个班。这样一来，第四个班就可被派去驻守前哨阵地并执行巡逻警戒。敌人进攻之时，这个班可以撤退，然后占据一个能够用火力掩护其他各班的位置，或者用火力封锁两个排之间的缺口。苏军的步兵排也有 4 个班,而且也像德军一样部署第四个班。但苏军也经常把这个班部署在战线后方，以提供防御纵深。排长会尽量将自己置于可观察到全排大部分地段的地方，以更有效地指挥火力。换言之，排长所处的位置更像是观察哨，而不是指挥所。

各国军队都会遵循一些基本的防御战术原则。这些原则包括：为每名士兵和每件班组武器指定一个地段，并确保整个正面都得到覆盖，如有可能，还要确保各武器的射界相互重叠;设置障碍;建立前哨阵地并采取其他警戒措施;与友邻单位和火力支援单位协调火力;修建后备阵地和辅助阵地;对阵地进行伪装并不断完善。连及连以上的部队还要考虑创造防御纵深，制定反击计划，并保留预备队以阻止敌军突破。通过在昼间设置侦察巡逻队、前哨和观察哨，在夜间监听等手段，防御部队可避免敌军的偷袭，可在敌军接近时发出警报，还可阻止敌人的巡逻队接近防御主阵地。

战争初期的条令一般要求重武器在极限射程上开火。这样做旨在打乱敌方队形，减慢敌军前进速度，以及不断杀伤前进中的敌人。不过，各国军队后来发现远距离开火不仅效果欠佳,而且浪费弹药,还会打草惊蛇,暴露自身主阵地的位置。后来,各国防御武器一般只会在最有利的距离上开火,从而产生类似于伏击的效果。具体的距离取决于地形和射界,通常在 300 码至 500 码之间。当然,在密林和山地,交火距离会更短，在有些情况下只有几码。

障碍

障碍大体分为反人员障碍、反坦克 / 车辆障碍这两类。岸滩和水下障碍通常自成一类，但不在本书讨论范围内。

在盟军登陆之前，德军步兵正在诺曼底海岸演习。请注意，照片中的混凝土反坦克屏障、工字钢路障（通过反坦克屏障上的沟槽固定），以及配有带刺铁丝网的“拒马”都得到一挺 MG15 轻机枪提供的掩护。毕竟，“没有火力覆盖的障碍不是障碍”。为了方便摄影师拍摄，这挺机枪离障碍很近。但在实战中，机枪会架设在更远处，并得到更好的掩护和隐蔽。（美国军事历史学会）

最基本的反人员障碍是带刺铁丝网。这种横亘在阵地前方的铁丝网一般有多层，通常以木桩进行固定，而且层与层之间又由曲折斜向的铁丝网相互连接。为防止敌军剪断或跨越铁丝网，铁丝网一侧或两侧会加装“围裙”。有一种“蛇腹型铁丝网”在平时会被堆成直径为1码的卷，而在使用时会被拉长。这种铁丝网可被用来加强其他铁丝网障碍，也可作为单独的障碍使用。单股铁丝网可曲折地铺设在低处，以充当绊索。还有一种名为“拒马”（又名“西班牙骑手”或“刀架”）的障碍。这种木框架上缠有铁丝网的轻便障碍可用于暂时封锁道路，也可堵住沟壑和其他障碍之间的缺口。

防守方还可以砍倒树木，并将树干对准敌人，而这种被称为“鹿寨”的古老障碍能有效阻挡人员和车辆。还有一种更古老的临时障碍，那就是斜插在地上且指向敌人的一端被削尖的木桩。这种障碍在暴露后很容易被清除，但如果被藏在灌木丛或高高的草丛中，仍然颇为有用。在太平洋战场和东南亚战场上，交战双方还普遍使用了削尖的竹桩。

反坦克障碍种类众多，包括反坦克壕、混凝土/石质反坦克墙和海岸护墙、铁轨或木制街垒、混凝土“龙牙”（即顶端被截平的金字塔形混凝土块）、成排的四面体（即三棱锥体）障碍和障碍堆、直立的木头和金属杆、钢制“拒马”（用铁轨或者工字钢搭建的三脚架）和木制“拒马”等。障碍不仅可以阻止或减缓敌人前进，如果安置得当，还可迫使敌人进入不利地形、雷场或火力打击区域内。如果障碍设置得别出心裁且角度调整得很巧妙，这样做能误导敌人，使其无法正确判断主防线的位置。如果障碍得到妥善隐藏，这样做能达到事半功倍的效果。尤其是，当障碍被隐藏在树下、灌木丛中、高草丛中、沟壑内、低洼地或反斜面时，敌人必须走到近处才能发现它们，只是这一点实施起来并不容易。

最好的障碍实际是天然地形，其阻挡车辆的效果尤为出色。虽说没有部队克服不了的地形，但天然障碍仍能妨碍部队的正常运动，并导致周边地区无法被用于进攻。对于沼泽、松软的雪地、烂泥地、洪泛区（包括沿岸筑有堤坝的溪流）、河流和密林等区域，就算少数意志特别坚定的士兵或巡逻队能够克服这些障碍，步兵也很难在此发动有组织的攻击。这些天然障碍还能有效地阻止装甲战斗车辆，而密集的大树、陡坡、巨石、铁路或公路的路堤和涵洞、建筑废墟、弹坑以及被炸断的树木也能起到同样的作用。如果部队在制订防御计划

一种常见的反坦克壕，其剖面呈倒梯形。由于当地土质疏松，该反坦克壕的胸墙得到木桩加固。这不仅可以防止反坦克壕垮塌，还使敌军难以通过爆破胸墙来修建通行坡道。反坦克壕沟很容易被空中侦察或地面侦察发现。因此，攻击者一般不会对其存在感到惊讶。

英军步兵正通过第 15（苏格兰）师的工兵临时架设的一座木制人行桥以横渡水障。照片背景中的一摞木材表明，英军的工兵们还将修建一座更坚固的桥梁。（私人收藏）

时充分考虑了天然地形，并用人造障碍加以补充，据此构建出来的障碍体系则是最为有效的。

地雷在二战期间被广泛使用。不过，地雷的布设数量在不同的场合下差异很大。守军可能会布置几千码宽的纵深雷场，也可能只在路口处布下区区几枚地雷。地雷也是导致装甲战斗车辆瘫痪的头号因素。一枚反坦克地雷有时只需炸掉车辆的一节履带就能使其无法行驶，有时还能把整车炸得支离破碎。有些军队还对航空炸弹和炮弹进行了改装，并为其添加了压发引信，而这种临时地雷的破坏力尤其骇人。

反人员地雷更小，但更容易被触发。这种地雷主要通过爆炸的冲击波使人丧命或残废。因为地雷的爆炸冲击波是向上方释放的，步兵队形通常也是极为分散的，所以一枚反人员地雷往往只能杀伤一人，而一个步兵班就算冲进了布设此种地雷的雷场，也只会伤亡一两人。不过，各国军队还装备了破片地雷。破片地雷可以在地表上被引爆，也可在半空中被引爆（这种雷体内装有一块炸药的地雷一旦遭遇压力，炸药就会将雷体抛到空中约1码高的地方），从而杀伤多名士兵。有些雷场布设的全是反人员地雷，但反人员地雷通常被布设在反坦克地雷附近，以便阻止敌人扫雷并杀伤敌方坦克的伴随步兵。各国军队还会在地雷附近，尤其是反坦克地雷附近设置诡雷，以杀伤排雷人员或至少拖延其行动。布雷的守军会在雷场的己方一侧设置警告标志，还可能设置带刺铁丝网。守军有时会布设假雷场，以便迟滞和误导敌人。守军可能会围绕任何类型的障碍设置诡雷，而这些诡雷通常由手榴弹、小型炸药、迫击炮炮弹或远程火炮炮弹改造而成。尽管地雷会带来麻烦并让人神经紧张，但根据美国的统计，地雷和诡雷造成的伤亡实际上非常有限。其中，阵亡者只有2.9%，伤员为3.9%。

不论设计、构建和选址有多合理，如果某处障碍或某个雷场无法被守军观察到并被适当的火力覆盖，那都是毫无用处的。机枪能够覆盖一个布设了带刺铁丝网的地带，但无法阻止坦克冲过该地带。当守军炮兵对线性障碍开炮时，炮击的效果会大打折扣，这是因为炮兵火力通常存在间歇且落点不均匀。不过，这也为坚定的攻击者取得突破制造了机会。

野战工事

野战工事是一系列旨在帮助士兵免受炮火和天气影响的临时工事，包括散兵坑、战壕、地堡、碉堡、防空壕、班组武器阵地等。尤其值得一提的是，防空壕不仅可为部队提供掩蔽，还能容纳指挥所、观察哨、联络站、急救站以及弹药和物资存放点。围绕建筑物——小到一座农舍，大到整个街区——修建防御工事，这本身就是一门艺术。如果修建得当，部队就可获得坚固的防御堡垒。钢筋混凝土工事主要被用于保护火炮和反坦克武器。这种永备工事通常有小型射击孔，可供步兵使用机枪等轻武器。为加强这类永备工事的防御，守军会在各工事周边和之间修建步兵野战工事。在进攻“齐格菲防线”（又名“西墙”）期间，美军对半埋式阵地中的德军坦克和自行火炮给予很高评价，认为其作战效率至少提高了40%，还认为它们比碉堡更棘手。

永备工事在某些方面会拖累守军，因为这类工事虽然可以抵御炮弹和炸弹，但很容易被敌人发现，而且容易给守军造成一种虚假的安全感，使其丧失主动性。永备工事在射界和射击方向上都有限，存在很多盲区。这就需要守军在永备工事

“齐格菲防线”一隅。照片中，一座被深埋的大型混凝土碉堡清晰可见。该碉堡有装甲机枪射击口，其外部有混凝土反坦克障碍带。整个碉堡几乎坚不可摧，而且其侧面、背面和顶部都覆盖了土壤。接近碉堡的路径不仅被碉堡内的机枪火力覆盖，还得到露天机枪掩体和其他步兵阵地的支援。（美国国家档案馆）

周围构建野战工事，以便提供全方位火力。所有野战工事都必须占据有利位置，以确保能用火力封锁其防区和敌军接近路线。此外，野战工事必须被纳入一个能互相掩护的完整防御体系中，否则其存在将毫无意义。比如，一个碉堡无法得到其他碉堡的保护，那该碉堡的价值就接近于零。如果防御工事中每处阵地的侧翼和后方都能得到其他阵地提供的掩护，那么进攻的敌步兵一定会死伤枕藉。守军还要考虑把阵地设在敌方步兵和装甲战斗车辆难以穿越的地形中。日军对此深有体会，并且从中吸取了教训，还在后来的实战中充分地考虑了这一点。

伪装的意义重大。伪装不仅包括对地伪装，还包括规避空中侦察的伪装。守军必须全力隐藏自身阵地，以确保这些阵地在开火前不会暴露。在理想情况下，守军还应使用带无烟发射药的武器以及枪口消焰器，以帮助他们藏在地形、植被和烟尘之中而不易被敌人发现。就算阵地被发现，伪装也有助于掩盖阵地的真实状况。为增强阵地的伪装效果，各国军队经常采用的一种方法是缩小射击口，但此举会影响射界。此外，各国军队经常把阵地的出入口设在阵地的后方或侧面，同时修建一道堑壕以保护出入口，还要确保出入口得到其他射击口或阵地提供的火力保护。

各国军队还会利用假阵地，以使敌人误以为该阵地有重兵把守，从而诱使其攻击真正严密设防的地区（守军应精心伪装该地区，制造出此处虚弱的假象）。假阵地至少能让敌人浪费弹药（比如吸引敌步兵开火），甚至能引诱敌人直接发动进攻，从而使其暴露在真正的防御阵地面前。

突破障碍

有三种方法可以逾越或克服障碍，即迂回、从障碍上方越过和从障碍中间穿过。迂回通常是最佳的，但有时无法实施。在这种情况下，部队就必须突破障碍。除了有些密集的坚固障碍难以被突破，突破障碍并不是什么难事。不过，部队在突破障碍时可能遭遇敌军火力，而这种情况在实战中经常发生。部队突破障碍的手段非常丰富。自第一次世界大战以来，突破障碍的新方法不断被开发出来；各国步兵和工兵不仅将突破障碍作为基本训练科目之一，而且还会携带适当的工具和物资。

突破障碍又分为仓促突破和预有准备的突破。仓促突破意味着受战术形势的影响，部队几乎没有时间侦察、规划和准备，而且必须利用现有资源迅速突破障碍，尽管这可能导致人员和装备严重损失。若实施预有准备的突破，部队可预先侦察障碍并制定突破计划，再指派部队去实施突破，并为其提供必要的工具和物资。

在德国西部边境，美军正穿过“齐格菲防线”上一处被突破的路障。道路两旁可见被炸断的工字钢路障和混凝土“龙牙”反坦克障碍。

士兵一般可以徒手攀爬 6 英尺高的墙壁。如果墙壁高 8 至 10 英尺，他们就要先把战友推上去，再让上面的战友将其拉上去。梯子或带抓钩的绳索能帮助士兵更快地爬上墙壁，但普通步兵排很难在短时间内搞到这些工具。英军的突击队和美军的游骑兵一般会为经过长期规划的行动准备此类工具。步兵（和伞兵）还经常使用带扣套索。这种长 4 至 6 英尺、粗 0.5 英寸的带扣套索的一端有一个绳圈，另一端有一个木头做的“T”形固定扣，这就使两个带扣套索可以首尾相扣。士兵可利用带扣套索攀爬障碍，甚至能用其架起帮助部队跨越障碍的绳桥。

突破障碍的方法有很多。有些方法简单直接，如徒手拆除、翻越或切断障碍；有些方法则极为复杂，如爆破，或者用特种突击车辆强行摧毁障碍。面对沟渠、沟壑、溪流和壕沟这类障碍，突击部队可选择架桥或者将其填平。由于强行通过障碍或雷场可能令部队损失惨重，指挥官就必须综合考虑坦克和部队的损失，以及突破行动预期的战术收益。无论采用何种突破手段或者面对何种障碍，进攻部队几乎都会遭遇来自目标阵地和邻近阵地的直瞄火力和间瞄火力。因此，进攻部队必须根据情况决定突破的手段、使用的武器、支援火力、前进路线及单位编组。

反人员障碍

与一战时相比，由于二战时破坏铁丝网的技术仍缺乏改进且使用铁丝网的情况较少，这对各国的步兵来说都是“福音”。坦克可以压坏铁丝网，推土机也能撕

二战期间，美军和英联邦军队会使用带推土铲的坦克，比如照片中这辆配备 M1 推土铲的 M4“谢尔曼”坦克。在突破多种障碍时，这类坦克可发挥巨大作用。（美国国家档案馆藏图，由斯蒂文·扎洛加提供）

1912 年，孟加拉、孟买和马德拉斯工兵和布雷部队（Bengal, Bombay & Madras Sappers and Miners）的麦克林托克（R. L. McClintock）少校发明了爆破筒，并根据其试验地点之名——印度班加罗尔兵工厂（Bangalore Arsenal），将其命名为“班加罗尔鱼雷”（Bangalore Torpedo）。最初，这种武器不是被用于突击爆破的，而是被用来清除布尔战争（1899 年至 1902 年）和日俄战争（1904 年至 1905 年）中遗留的铁丝网的。二战中，英军有 MK Ⅰ和 Mk Ⅱ两种爆破筒。二者均长 62.5 英寸，重 25 磅，而且不同于美军的 M1 爆破筒，它们的头锥是用木头制作的。要在竹林等植被茂密的地方打开缺口，爆破筒也很有效。

开铁丝网，但除了美军和英联邦军队，其他国家的军队几乎没有装备装甲推土机或为坦克安装大型推土铲。此外，铁丝网很容易被卷入坦克的行走装置内并导致坦克抛锚。在这一点上，铁丝网的破坏性不亚于地雷。坦克偶尔能用牵引索把整段铁丝网拉倒。然而，坦克经常无法“随叫随到”，还可能因地形、地雷或者敌方反坦克武器的阻碍而无法接近障碍区。

突破铁丝网的首选方法是爆破。在固定铁丝网的木桩上分别安置炸药，这样的爆破方式耗时很长，而向铁丝网投掷大型炸药包的爆破方式则效果不佳。如果铁丝网十分密集，部队可呼叫远程火炮或迫击炮对其实施精确炮击。这不仅需要己方步兵提前后撤到较远的安全之地，还会消耗大量炮弹，从而导致炮弹无法被用于摧毁其他高价值目标。炮击还会制造弹坑，将铁丝网炸裂，把木桩连根拔起，而这些对于步兵来说仍是难以通过的。

爆破筒，又被称为“班加罗尔鱼雷”（在当时的英语中，“鱼雷”一词可指一切安装在硬壳容器中的爆炸物），是突破铁丝网的理想装置。这种爆破筒一般用长4至6英尺、直径为1.5至2英寸的细钢管制造，而且钢管内部每英尺都装有1.5至2磅重的炸药。多节爆破筒可头尾相接，连成一串。其中，最前方一节的头部可安装一个头锥，以防止爆破筒串在被推入铁丝网时被卡住。每节爆破筒的尾部都有一个雷管插口，而雷管会被装在爆破筒串的最后一节。爆破筒串的具体节数取决于障碍的纵深。如果地形平坦，爆破筒最长可达200英尺；如果地形崎岖，其最长也可达100英尺。如果铁丝网特别密集，部队还可将两串或更多爆破筒串并排着推入铁丝网。

为给爆破人员留足后撤的时间，爆破筒一般都配有安全导火线，但也可用电击发装置引爆。爆破筒被引爆后，爆炸冲击波会被地面反射到空中，从而撕碎铁丝网并炸出至少1码宽的缺口。但爆破筒也相当危险，例如在被推入铁丝网时可能意外引爆地雷，进而导致整个爆破筒串殉爆。爆炸后，爆破筒、铁丝网和木桩还会产生大量碎片。

尽管配备爆破筒和火焰喷射器的工兵会提供支援，日军步兵也要接受严格的自行突破障碍的训练。这张拍摄于 20 世纪 30 年代的照片就展示了这样的训练。其中，一名日军步兵正在步枪手的掩护下剪断铁丝网（为节省开支，训练中使用的是不带刺的铁丝网）。据计算，1 个人悄悄剪断 6 码长的铁丝网需要 2 至 3 小时，2 个人则需要 1.5 至 2.5 小时。

各国部队还会在战场上制作临时爆破筒。制作这类爆破筒的材料五花八门，包括钢管、排水管、竹竿等。有一种临时爆破筒，其制作方法是把多个炸药包固定在一块厚木板上且彼此之间间隔几英寸，并将起爆装置安装在最后一个炸药包上。使用这种爆破筒时，起爆装置可以连环引爆所有炸药包。

在仓促突破行动中，破坏铁丝网最常见的方法是徒手切断铁丝网。各国陆军一般会为步兵班下发 8 至 14 英寸长的剪线钳。用这种工具剪铁丝网，每名士兵都能在 1 分钟之内剪出一个宽 1 码、深 3 码的缺口。有的部队还会装备更长的剪线钳，这些 18 至 24 英寸长的剪线钳甚至能剪断挂锁和钢缆。

面对铁丝网，还有一种选择是从其上方越过。部队可以将毛毯、大衣、从当地征用的被褥或地毯、帆布或者钢丝网铺在铁丝网上方，或将伸缩梯甚至圆木搭

用大型剪线钳破坏铁丝网的苏联工兵。此人身穿迷彩服，其左手上方的那根树杈正撑着被剪断的铁丝网末端。近景处有一个装有 200 克重的 TNT 炸药的小盒子。这名工兵可以用这些炸药去炸掉木桩，以开辟更大的缺口。如果需要隐蔽，他仍要徒手切割铁丝网。剪线时，为保持安静并防止被铁丝末端弄伤，工兵最好戴上手套并抓住铁丝网，还可在铁丝上缠绕一块布。如果是两人一组，其中的一人可以双手握住铁丝（两手最好相距约 2 英寸），另一人使用剪线钳剪铁丝。如果只有一人，他可以用一只手抓住离木桩约 2 英寸处的铁丝，再在木桩旁进行切割作业。（尼克·科尼什）

在铁丝网上面。如果铁丝网较窄，一名士兵可将步枪垂直握在胸前作为保护，再趴在铁丝网上，以便用身躯为战友“搭桥”。这种方法很有视觉震撼力，而且非常有效。但那名士兵最后仍需要他人的帮助才能从铁丝网上脱身，这反而部分抵消了之前节约的时间。

铁丝网之外的其他反步兵障碍需要根据实际情况加以处置。弹坑、瓦砾和废墟都会严重阻滞步兵的前进。在一些太平洋岛屿上，美国海军陆战队就经常发现，其当面的地形已经面目全非，残骸遍地，甚至连装甲战斗车辆都难以前进。这种情况在饱受轰炸和炮击的城镇中也相当普遍，1943 年至 1944 年的意大利卡西诺（Cassino）镇就是一个典型例子。

反坦克障碍

反坦克障碍通常巨大、坚固且难以突破。但要想发挥反坦克障碍的作用，那就必须有反坦克火力和反步兵火力的掩护。其中，反步兵火力会打击敌方破障小

这些“龙牙”的混凝土地基彼此相连，这样可以防止单个“龙牙”被轻易推倒或被拖走。

组，还会伺机偷袭反坦克武器和后方的渗透人员。由于坦克主要在开阔地行动，反坦克障碍就经常被安置在暴露地点。这也意味着，破障小组很难得到掩护和隐蔽。反坦克障碍本身可以提供掩护，但它们往往处在守军的机枪和迫击炮火力之下，还配有铁丝网、反步兵地雷和诡雷，这些都给进攻方造成巨大危险。

进攻方在接近反坦克障碍之后，必须将其彻底摧毁，不能仅破坏局部。对反坦克障碍实施爆破所需的炸药相当多（有时甚至以箱计算），而且需要空心装药炸药。在处理地面上的线性障碍（如成排的“拒马”、木桩、“龙牙”和巨石）时，部队经常需要为所有障碍放置炸药，然后将其同时引爆。这样做还可能顺带摧毁附近的地雷和诡雷。在利用缺口之前，破障部队还应清理爆炸后所产生的碎石和瓦砾。如果障碍不是特别坚固，部队可使用撬杆、鹤嘴锄、大锤和斧子等工具破障。部队还可用推土机或者履带式装甲战斗车辆拖走或拉走障碍，但此举并不容易。德军经常会用锁链把多个“拒马”连起来，还会用混凝土浇筑多个“龙牙”的桩基，使其连成一体。为了对付这样的“龙牙”，美军的一个解决方式是用推土机将土填充到“龙牙”上，使其形成一个有坡道的土台，以便装甲战斗车辆通过。

垂直安置的圆木、钢轨、混凝土立柱或石立柱很难被移开。混凝土或石头垒的反坦克墙和海岸护堤更难被突破。要突破这类障碍，那就需要消耗数百磅重的炸药。如果这类障碍高度有限，进攻方同样可以用推土机来修建土坡，然后让车辆从其上方通过。如果反坦克墙面对进攻者的一面为混凝土或石头，另一面全为泥土，进攻部队可在墙下安置成坑炸药，以使墙面倒塌，从而形成一个坡道。进攻部队还可将一端装有重型空心装药炸药的木杆顶住墙面，以便实施爆破。

跨越沟壑

溪流、壕沟、排水沟、灌溉渠、运河和反坦克壕会给进攻部队带来特殊挑战。为跨越这些沟壑，进攻部队必须付出巨大努力。为此，进攻部队可以使用各种越壕工具，而人行便桥就是其中之一。人行便桥通常由工兵携带，但无法供坦克通过，而且如果壕沟较宽，桥面中央下方就必须安装支撑桩。架设桥梁时，沟壑的边缘必须足够坚实和稳定，这样才能撑起桥梁并承受住过桥车辆的重量。架桥单位还必须确保桥梁的跨度大于沟壑的宽度，否则堑壕边缘可能承受不住重量并发生塌陷。架桥工作非常耗时，还会让架桥工兵暴露在火力之下。二战期间，各国研发

在意大利，英军的“萤火虫”（Firefly，即“谢尔曼”Ⅱ C）坦克正从“方舟”（Ark）折叠桥上穿越水渠。这种包括三段的、全长 45 英尺的桥梁被安装在“谢尔曼”坦克的底盘上，而且只要将运载的底盘开入沟渠，该桥就能自动展开。请注意绑在“萤火虫”车首的柴捆。英军经常使用这种柴捆，还会使用被锁链或缆绳捆成的特大柴捆。如果需要填埋的沟渠中有流水，一些管道会被绑在柴捆内以充当导流口。

了架桥战车，但此类设备仍不成熟，而且很少装备部队。

跨越沟壑的另一种方法是将其填平。填埋的区域应当足够宽，至少可供车辆通过。部队可在壕沟两侧的外围安置大型炸药，以便炸塌两岸。对于较深的壕沟，部队可能还要用推土机从两岸向沟内推土，并修建坡道。这些方法都需要运土装备，而且不适用于过深的壕沟和有湍急水流的沟壑。还有一种可追溯到罗马时代的方法，即士兵携带柴捆（捆在一起的圆木或者树枝），然后将其抛入沟壑中。这种方法经常被英军采用。

坦克有一定的越壕能力，但能越过的壕沟宽度最多为其履带接地长度的三分之一。因此，二战各国军队修建了大量反坦克壕。其中，有的绵延几千码，有的则非常短，只能防守小型据点。在有些情况下，多条反坦克壕还会相互交错。反坦克壕的截面可能是矩形、三角形或梯形的，其尺寸也很不一样。如果守军在山坡的较高处挖掘出一个壕沟，再在己方一侧建起一堵非常低矮的墙，这也能严重妨碍坦克通行。守军还可将挖出的泥土堆放在进攻方一侧，以增强反坦克壕的障碍效果。为了防止敌步兵将反坦克壕当成掩体，守军可能在壕沟内布雷或者安装诡雷，也可能在壕沟内放置铁丝网、木桩、杂乱的树枝和灌木，还可能向壕沟内灌水。有时，守军会在壕沟侧面设置步兵阵地，以便向壕沟进行纵射，并用火炮和迫击炮向沟内开火。

发动进攻时，如果需要越过反坦克壕等壕沟，进攻方会派遣步兵最先越过壕沟以肃清另一面的敌人。同时，工兵会使用一些应急手段，将装甲车辆送往对面，以支援步兵发动攻击。肃清对面后，工兵会排除地雷，并建立更多、更稳妥的通道。

雷场

理想情况下，地雷应当密集埋设，妥善伪装，配备诱杀装置。但在实战中，由于埋设地雷费力费时，各国军队经常不会对地雷多做伪装，有时甚至会让其直接暴露在地面上。这降低了排雷工兵作业的难度和危险性。装甲战斗车辆可用机枪火力准确引爆地雷。不过在很多情况下，地雷仍可起到阻滞装甲战斗车辆的作用。反步兵地雷必须埋在地下才能发挥作用。但在沙漠环境中，风可能吹走沙土，让地雷暴露出来。地雷一般是以有规律的间距进行布设的，而排雷工兵一旦发现这个规律，就更容易找到地雷。

突破雷场的第一步是发现其位置。为此，工兵需要搜寻颜色发暗和被翻动的泥土、散乱或枯萎的植被、凹陷的地表、绊索、布雷者留下的脚印、牲畜的尸体等。不称职的布雷人员甚至会把装地雷的板条箱、外包装和保险销丢弃在雷场附近。这让工兵能够判断出地雷的类型，甚至还能推测出敌人是否设置了诡雷。除了上述目视手段，工兵还可使用简易探测工具来执行仓促探雷作业。这种探雷方法虽然速度有限且令人神经紧张，但对经验丰富者而言并不危险。简易探雷工具包括刺刀（可以拿在手里或装在步枪上）、带刺短棍或尖头长杆。英军的工兵铲可以在把手上安装“4 号刺刀”（No.4 Spike），以充当探雷工具。士兵在使用这些工具探雷时需要将其斜着戳进地面。

还有一种探雷工具是电子探雷器。电子探雷器能够借助磁力感应，发现埋在地下的金属物体。但这也意味着，这种探雷器会因探测到哑弹、弹片、旧马口铁罐头或废旧金属等物品而发出错误警报。电子探雷器无法在铁路沿线使用，也无

探测地雷的苏军工兵。他们手持的长杆，一根绑着探针，另一根绑着 VIM 探雷器。他们还配备了 PPSh-41 冲锋枪。他们正沿着路缘探测地雷。毕竟，德军在埋设地雷方面总是很有“创意”。在北非，英军工兵为突破雷场，提出并采用了一种卓有成效的组织形式。他们会以排为单位行动。其中，一个侦察组位于最前方，而配备汤普森冲锋枪的护卫人员在两翼提供掩护。爆破筒手、指示带铺设人员和指挥官会在后方以一定间隔跟进。更靠后的是携带电子探雷器的双人小组（如果要开辟一条 8 码宽的通道，则需要 3 个双人小组），接下来依次是地雷标示员、排雷工兵和排军士长。最后的通道标示员会在已开辟出的通道外侧安装标志和照明灯。（尼克•科尼什）

法探测某些国家（如德国）研制的木头、陶瓷和玻璃外壳的地雷。

面对反步兵雷区，进攻部队可将多串爆破筒推入其中并将其引爆，从而炸开一条狭窄的通道。不过在这之后，该部队仍要探测通道中的“漏网之鱼”，以及通道两侧的地雷。如果遭遇绊索地雷，解决方法之一是让士兵从有掩护的地点抛出一个抓钩，然后拉动该抓钩以带动绊索，最终引爆地雷。当履带式装甲战斗车辆驶过反步兵雷场时，步兵也可跟在其后，但必须与车辆保持距离，以躲避地雷碎片和击中坦克装甲后的跳弹。有时，一些国家还会使用更极端的办法，例如让步兵直接冲过雷场而不考虑伤亡，或者把一群牲畜赶过雷场。有些非西方国家的军队会让惩戒单位的人员走过雷场，而日军在中国和菲律宾还曾驱赶平民进入雷场。

1944 年 7 月 11 日，在诺曼底的拉艾迪皮（La Haye du Puits），美军战斗工兵（其中一人带着 SCR-625 探雷器）正从在路边排雷的战友身旁走过。请注意矮墙上摆放着一排已被挖出的德军碟形反坦克地雷（Tellerminen，其中的“Teller”意为“碟子”）。对步兵而言，更危险的是德军的 35 型或 44 型破片地雷（Schrapnellminen，绰号为“弹跳贝蒂”或“阉割者”，也经常被盟军称为“S 雷”）。这些破片地雷只有引信暴露在外，并与绊线相连。在灌木丛和草丛中，这种地雷很难被发现，而且一旦触发就会被发射药抛向 3 至 5 英尺高的空中，然后爆炸并将 360 颗钢珠喷射向四面八方。（美国国家档案馆）

为了容纳双向交通，并且供安装轮子的班组武器以及担架通过，雷场中的步兵通道至少要有 1 码宽，而 2 码宽为最佳。雷场中的车辆通道至少应达到 4 码宽。不管通道以何种方式开辟，工兵都必须明确标记通道的出入口和通道所在位置。工兵会对通道靠近己方的一端进行标示，对于另一端要么进行标示，要么保留敌人的标志。各国军队使用的雷场标志五花八门，但一般都是白色和（或）红色的醒目图案、黑色的文字及箭头。德军还会使用骷髅图案，而且这个图案在德国民间也非常常用。在标示雷场时，各国军队会使用旗帜、布条和带子，还会设置特殊标志，以提醒士兵们小心地雷、诡雷和哑弹。在夜间，各国军队会使用灯光、反光板和火光来标示雷场。

爆破装置

综述

由于爆破装置和配套物品种类众多，受篇幅限制，本书只介绍最常见的几种。

最普通的爆破装置一般是圆柱形或方块状的。有的爆破装置只有拳头那么大，有的则带有提把，需要两个人才能安放。小型爆破装置带有纸外壳或硬纸板外壳，较大的则有一层较薄的金属外壳。通常，这些爆破装置至少有 1 个雷管插口，而且插口内有固定雷管的螺纹。塑性炸药不需要插口，因为可以用钉子在上面钻孔，以便插入雷管。大多数国家使用的引爆装置（如雷管）都有标准化的安装螺纹，这就使不同弹药可以互换引信（这也使地雷、手榴弹等能被用来制造诡雷）。还有一些特种炸药，包括空心装药炸药和成坑炸药、用来破坏炮管的环形炸药和爆破筒。

锥形装药或空心装药炸药一般用于反坦克武器，而大型空心装药炸药经常被用来突破工事和墙体。借助这种武器，步兵和工兵甚至可消灭能抵御重型炮弹的大型工事。空心装药炸药一般由士兵手动安放，主要被用来破坏钢筋混凝土墙壁、钢门、枪眼挡板和炮塔等。最小的空心装药炸药在尺寸上与水杯相当，最大的重达 50 千克。

TNT 炸药是最常用的军用炸药，也是其他炸药的原料。在评估各种军用炸药的爆炸威力时，TNT 是一个基本的参照对象。季戊四醇四硝酸酯（简写为“PETN”）炸药与 TNT 的威力比为 1.42 ∶ 1，但 PETN 对震动和光亮过于敏感，因此军事用途有限。包括阿马托（Amatol）、特屈儿（Tetrytol）和彭托利特（Pentolite）在内的几种常见炸药都由多种炸药混合而成，威力巨大且相当稳定。这三种炸药与 TNT 的威力比分别为 1.20 ∶ 1、1.22 ∶ 1 和 1.26 ∶ 1。这些炸药被广泛应用于战斗爆破。其中，彭托利特炸药（即 TNT 和 PETN 的混合物）因起爆速度快而常被装填于空心装药爆破装置中。

苦味酸炸药是几种最早问世的军用炸药之一，并在二战中被日军和德军广泛使用。这种炸药在威力上与 TNT 相同，但在接触金属时会生成极为危险的敏感化合物，所以其外壳的内层必须上漆。英军也使用过一种较早问世的炸药，即硝化棉炸药。这种炸药非常不稳定，必须保存在密闭的潮湿容器中。还有一种炸药是硝化甘油炸药，但因其对火力和极端温度过于敏感而很少在实战中使用。二战期间，塑性炸药仍处于研发阶段。这种比 TNT 威力更大的炸药装填黑索金（Hexogen，通用符号为 RDX），并混合了塑化材料，从而很容易改变形状。但早期的塑性炸药多为油性的，而且有很多缺陷，比如气味刺鼻，容易产生有害气体，容易在极端温度下变得坚硬或易碎。

炸药的引爆需要多种配件和配套装置，而且其中的一些还是必要的。安全导火线（又被称为"定时导火线""延时导火线""比克福德导火线"），其直径约为 0.25 英寸，外缘为经过处理的纤维织物防水层（即使如此，安全导火线也经常因湿气而失灵），里面有一层紧密包裹的螺旋状纤维蒙皮，核心通常为燃烧速度稳定的化合物。安全导火线的燃烧速度因生产国不同而不同，即使是同一国家的安全导火线，也因厂家不同而有所差异。使用前，部队必须检查安全导火线的实际性能。

导爆索，又名"瞬发导火线"（在美军中的俗称为"Detcord"或"Primacord"；在英军中的俗称为"Cordex"），经常被用来连接多个炸药，以便同时引爆炸药。导爆索一般直径为 0.25 英寸，外层为塑料或经过处理的防水纤维，内层装满高速引爆炸药（通常为 PETN 炸药），引爆速度可达 21000 英尺 / 秒（即 200 英里 / 分）。导爆索本身也可充当爆破装置。若要引爆导爆索，要么在其末端安装一支非电子击发起爆雷管，并在雷管帽上插入一段安全导火线，要么使用电子击发的起爆雷管或机械击发装置。操作者可将导爆索插入炸药包的引信插口内，并将一根起爆雷管连到导爆索的末端，以确保主炸药正常爆炸。需要同时引爆多块炸药时，为确保万无一失，操作者可将几圈导爆索缠在这些炸药的外表面。

常见的引爆装置包括各种引火药、雷管和传爆药。其中，8 号雷管最为普及。这种装置实际是国际标准中的商用 8 号非电子击发起爆雷管，其长度为 2.5 英寸，直径为 0.25 英寸，外壳为较薄的铝壳或铜壳，内部装有 PETN 炸药，顶端装有一个内部填充了雷汞、氯酸钾和亚硫酸锑的极度灵敏的小型引爆装置。8 号雷管的一端是敞开的，可向里面插入一段安全导火线或导爆索。如果要使用电子起爆装置，那就需要为其连接导线，并由一位专业人员利用电池和起爆机来操作。由于静电和闪电等不安全因素，这种方法很少在实战中使用。

小块炸药可以直接固定到目标上。但在战场上，更常见的做法是把多块炸药装进帆布包和沙袋里，或者用帆布简单包裹一下炸药，从而做成"炸药包"。炸药包可以固定在目标上，也可被投入碉堡或洞穴内以杀死敌人。当多个炸药包被绑在障碍上时，这些炸药包会被导爆索串成一串或连成一圈。此时，导爆索带有起爆雷管的一端会插入炸药包的引信插口内，另一端则连到另一段导爆索上，从而将所有炸药包连起来。连成串或圈的炸药包还会安装一个“标准发火引爆装置”。这种装置就是一段安全导火线，其一端带有起爆雷管，另一端装有摩擦点火器，而这套引爆装置也可用来引爆单个炸药包。对于向目标投掷的炸药包，延时设置以 7 秒为宜；对于固定在障碍上的炸药包，延时设置最好更长一些，这有助于己方人员安全撤离。有些情况下，部队还会为炸药包安装两套引爆装置，以此作为“双保险”。

名为“爆破杆”的爆破装置，本质上是固定在长杆一头的一块或多块炸药。使用爆破杆时，士兵可以在安全处将它伸过铁丝网、瓦砾堆或火焰喷射器的火舌。士兵还可将爆破杆塞入敌人的碉堡内。这样一来，不仅士兵不会暴露在敌人的枪眼下，而且碉堡内的敌人也很难及时将爆破杆扔出。步兵还可将爆破杆安放在敌坦克脆弱的顶部装甲上。在巷战中，各国军队常常用炸药去摧毁墙壁，打开进入建筑物的缺口，或者开辟房间之间的通道。英国国民军（Home Guard）曾发明了一种名为“鼠洞炸药”（Mouse-Holing Charge）的爆炸装置。在 1943 年 12 月意大利的奥托纳（Ortona）之战中，这种装置又被加拿大军队改进。

封闭环境会极大地增强爆炸效果，而且冲击波会在坚硬的表面之间来回反射。爆炸产生的巨大压力和闪光会对人体造成脑震荡、撕裂伤、内伤、眼睛和鼓膜损伤、皮肤烧伤等一系列损伤，甚至能撕碎人体。一般而言，人离爆炸地点越近，受伤就越严重；如果爆炸发生在封闭空间内，空间越小，爆炸的破坏力就越大。不过，真正危险的是爆炸所产生的碎片。一枚手榴弹在爆炸时就能产生数十块弹片，而弹片的数量对伤亡人数和人员伤势影响很大。通常来说，弹片越多，人就越容易多处受伤，伤势也更严重。然而，弹片的大小才是最关键的因素。如果弹片很小，这样的弹片不会对人体造成重伤，但处理起来会很麻烦。另外，越小的弹片就越轻，其飞行距离也更短，速度更不可能太快（弹片速度至少要达到 3000 码 / 秒才有杀伤力）。这意味着小弹片无法穿透厚重的冬季服装，也很难深深刺入人体，从而伤及脏器和动脉。然而，爆炸会产生一些如碎砂石、木片、混凝土块、砖块或玻璃碎片之类的次生破片，而这些次生破片有时也会造成致命危险。

各国爆破装置介绍

美国

美军使用的导爆索为黄绿色，能防水，引爆速度为20000英尺/秒。导火线为浅绿色，燃烧速度为每英尺30至45秒。美军使用的雷管为全世界通用的8号雷管。

为提高辨识度，美军早期炸药的包装为黄色，并配有黑色和红色标志。1942年，美军的炸药开始采用带黄色标志的橄榄褐色包装，只有0.5磅重的TNT炸药仍在使用黄色包装。有些炸药的一端配有黑色金属保护帽，有的金属保护帽还镀了锡。炸药的非爆炸部件由带黑色标志的军械品专用包装包裹。参战前，美军使用的标准炸药是小块硝化淀粉炸药。这种炸药的0.25磅版本（长1.25英寸、宽1.25英寸、高1.5英寸）包含3块由蜡纸包裹的小炸药块，而且每块炸药块的中央都有一个可安装导火线的插孔；1磅版本由4块0.25磅版本的炸药组合而成，而且4块炸药的插孔都完全对齐；采用硬纸板外壳的0.5磅版本（长1英寸、宽1英寸、高3.125英寸）的一端有镀锡的金属保护帽，另一端有引信插孔。1940年，美军改用0.5磅重的TNT炸药，但仍采用与硝化淀粉炸药相同的包装。1943年，美军装备了带军械品专用包装的1磅重的TNT炸药。

美军使用的M1连锁炸药内含8块浸透了沥青且包在纸内的2.5磅重的特屈儿炸药。多个M1连锁炸药可由1根15英尺4英寸长的导爆索连接起来，而且相邻炸药之间有8英寸的间隔。由此组成的炸药的两端不仅都留有24英寸宽的空隙，还各装有1块特屈儿传爆药。M2连锁炸药在本质上与M1连锁炸药相同，只是没有用导爆索将炸药串联起来。这两种炸药都能以8个为1组放入军械品专用帆布包中，而且这样一个重达22磅的帆布包就成了美军经常使用的炸药包。

美军的第一种塑性炸药是C炸药（Composition C）。这种炸药有0.5磅（1英寸×1.5英寸×6英寸）和2.5磅（2英寸×2英寸×11英寸）两种规格。其中，前者由白色釉纸包装，后者被装在军械品专用釉纸袋内，但二者都用硬纸板箱装运和储存。8块2.5磅规格的C炸药可以装在一个帆布包里。后来，美军又在C炸药的基础上推出了C2炸药。由C2炸药改进而来的M3炸药（2.25磅重）和M4炸药（0.5磅重，2英寸×11/4英寸×6英寸）在使用的广泛度上超过了其原型。

美制22磅重的TNT炸药包被堆放在反坦克墙边。教官正在演示如何用方形绳结将每个炸药包导火线的尾端连接在一起。由于德军经常在海岸附近修建反坦克墙，进攻方要打开通道，就必须使用大量炸药。为此，盟军尝试过许多方法。其中之一就是先制作一个与坦克推土铲几乎同宽的木架，再将46个这样的炸药包分成两排并安放在木架上。行动时，当坦克放下推土铲后，这个木架就会倚靠在反坦克墙上。由于木架上的TNT炸药包都被引线连在一起，共重920磅的炸药包就会被同时引爆。

M3 炸药和 M4 炸药都用军械品专用釉纸包装，而且与 C 炸药一样可装在帆布包内。

美国海军主要使用的炸药是Mk 20炸药。这种炸药以C2炸药为主要组成部分，全重 2 磅，尺寸为 1.5 英寸 ×2.25 英寸 ×12 英寸。Mk 20 炸药平时被放在帆布包内，因此也被称为"哈根森炸药包"（Hagensen Pack）。帆布包的内部有 5 英尺长的导爆索，外部有 6 英尺长的被挽成环状并储存起来的导爆索，另外还配有 1 根长 5 英尺、一端带有 1 个扁平钢制抓钩的绳索。美国海军使用的另一种炸药是以 TNT 为主要成分、重量为 2.5 磅、尺寸为 2 英寸 ×2 英寸 ×11 英寸的 Mk 23 炸药。这种炸药共由 8 小块炸药组成，内部装有 1 块彭托利特传爆药。这些小炸药块通过导爆索连接起来，而且其连接方式与 M1 连锁炸药的连接方式类似。

美军还拥有大量特种爆破装置，而 M1 爆破筒就是其一。M1 爆破筒带有 3 具可折叠式支架，内部装有空心装药炸药，并由相对较薄的金属外壳包裹。另一种爆破装置是采用纤维板外壳的 M2 空心装药炸药。为了便于放置，M2 空心装药炸药还安装了与提手相似的支架，而且该支架展开后的高度与 M1 爆破筒支架展开后的高度相同。M1 爆破筒和 M2 空心装药炸药均为 13 磅重，而其中的彭托利特炸药就重 10 磅。M1 爆破筒可在 8 英寸厚的装甲板上炸开一个直径为 1.5 英寸的洞，也可在 30 英寸厚的钢筋混凝土上炸开一个直径为 2 英寸的洞。如果再在直径为 1.5 英寸的洞上引爆 1 具 M1 爆破筒，那么破坏深度就可达 45 英寸，而洞的表面直径和内层直径分别可达 3 英寸和 2 英寸。美军装备的重 15 磅的 M2A3 爆破筒在结构上与上述两种爆破筒类似，但内部装有约 11 磅重的彭托利特炸药。美军还装备了 45 磅重的 M3 空心装药炸药。这种炸药装有 30 磅重的彭托利特炸药，其基座上有 3 条高约 15 英寸的支腿。使用这种炸药时，操作者需要把支腿固定在目标上，而且一旦引爆炸药，就能在混凝土上炸出一个 60 英寸深的洞。43 磅重的成坑炸药（直径为 8.25 英寸，长 17 英寸）装有 40 磅重的硝酸铵。这种装置一般被用来执行重大爆破任务，如破坏公路、跑道和桥梁等。成坑炸药一般被装在防水的金属圆筒内，而且圆筒的顶端有可安装雷管的插口，侧面有可安装导爆索的插孔。

英联邦国家

英军最常使用的安全导火线为 11 号导火线。这种导火线为黑色的，燃烧速度为每码 20 秒。英军的导爆索为橘黄色或红色的，燃烧速度为 90 英尺 / 秒。值得一提的是，英制导爆索的外层是一种柔韧的混合物，颜色一般为铅色或铝色。为确保爆破成功，英军会使用 1 盎司 MK Ⅱ硝化棉中继起爆具，并且会将其中的起爆雷管的一端连到安全导火线上，而这套装置被称为“起爆套件”。通常情况下，中继起爆具会以 10 个为一组被存放在 1 根黑色金属管内，而且金属管的两端会用螺旋盖封起来。英军最常使用的起爆雷管是 8 号 MK Ⅰ雷管或 27 号 MK Ⅰ雷管。

英军拥有很多小型爆破装置。这些装置大多呈圆柱形或方块状，并且使用浅黄色包装。4 盎司铵梯铝炸药（长 5 英寸，直径为 1 英寸，外层为黑色橡胶织物）、1 磅重的湿硝化棉块状炸药（1.75 英寸 ×2.25 英寸 ×6 英寸，外壳为锡制）和 1.25 磅重的 TNT 块状炸药（1.5 英寸 ×3 英寸 ×6 英寸，外层为浅黄色纸），都是常见的小型爆破装置。从 1942 年起，英军开始装备奶油色的塑性炸药，以取代上述铵梯铝、硝化棉和 TNT 炸药。在英军装备的塑性炸药中，1/4 磅重的葛里（Gelignite）炸药采用蜡纸外包装，一种改进版的塑性炸药使用的是玻璃纸包装，而 0.5 磅重的 2 号塑性炸药采用的是纸包装。

英军也有多种特种爆破装置。其中，1 号 MK Ⅰ炸药是一种小型空心装药炸药。这种炸药需要人工布放，可以穿透装甲板、混凝土和砖石结构，最早于 1942 年年初列装。这种又被称为“蜂巢”的炸药有 1 个圆柱形基座和 3 个 4.5 英寸长的冲压金属支架，而这些支架在炸药和目标之间提供了额外的空间，可以增加爆炸穿深。这种炸药重达 8 磅，内装 6.75 磅重的彭托利特炸药、RDX 炸药或 TNT 炸药，顶部有引信插口。该装置威力极大，可以在混凝土上炸出一个直径为 2.5 英寸、深 2.5 英尺的洞。另一种空心装药炸药是绰号为“干草堆”的、重 27.5 磅的 3 号 MK Ⅰ炸药。这种被金属外壳包裹的炸药在形状上与普通炸药包类似，内部装有 15 磅重的彭托利特炸药或 RDX/TNT 炸药。由于药室截面呈“V”字形，3 号 MK Ⅰ炸药可对目标形成“切割”效果。在爆破筒方面，英军主要使用了 MK Ⅰ和 MK Ⅱ这两种爆破筒。二者均为 25 磅重，2.5 英寸长。上述爆破装置通常都被涂装成“军褐色”（类似巧克力色），并涂有白色标示带和表示内有高爆炸药的红条。英军还会用“绿黑绿”条纹来表示装置中装有彭托利特炸药，用“黄蓝黄”条纹来表示装置中有 RDX 炸药或 TNT 炸药。

73 号 MK Ⅰ反坦克手榴弹，又名“手动击发反坦克手榴弹”，并且经常被戏称为“保温瓶”——这一绰号源于其外观和可拧开的塑料安全帽。这种武器于1940年年末被投入实战，投掷距离在10至15码之间，威力只够炸断坦克的一节履带。73号MK Ⅰ反坦克手榴弹在反坦克效果上有限，但经常被拆下引信，以充当普通爆破装置。正因如此，这种手榴弹虽然早在1941年年末就已退役，但又在1943年年初被作为爆破武器重新列装部队。这种手榴弹重4.5磅，内含3.25磅重的铵梯铝炸药或胶质硝化甘油炸药。不过，这两种炸药都对明火和震动非常敏感，并且很容易被轻武器火力引爆。

75号反坦克手榴弹 / 地雷，又名“霍金斯手榴弹”，于1942年被投入实战。这种武器用途非常广泛，可以充当反坦克手雷、地雷甚至爆破装置。其本体是1个重达2.25磅的椭圆柱形锡罐，内含18盎司的铵梯铝或TNT炸药。其一侧装有压力引爆装置，以及1个可安装起爆雷管、安全导火线或导爆索的插口。美军仿制了这种武器,并于1943年将其以“M7轻型反坦克手榴弹 / 地雷”之名列装部队。

苏联

苏军装备的多种导爆索一般都是红色的，代表型号有DSh-31/DSh-34（导爆速度为5100米 / 秒）、DSh-36/DSh-40（导爆速度为7600米 / 秒）、DSh-39（导爆速度为6500米 / 秒）和DSh-43（苏军唯一一种可在水下使用的导爆索，导爆速度为6500米 / 秒）。苏军的安全导火线一般为灰色，燃烧速度为1厘米 / 秒。

在爆破装置方面，苏军的装备情况和德军的大体类似，但苏军缺乏便携式空心装药爆破装置。苏军的TNT炸药一般采用纸包装，而且有三种常见规格，即75克重的圆柱形炸药、200克重的块状炸药和400克重的块状炸药。其中，后两种规格的炸药也有以苦味酸炸药为主要成分的版本。三种炸药的末端都有引信插口，而400克重的块状炸药的侧面还有一个备用插口。苏军还从法国获得了一些500克重的炸药（带有俄文标志）。这种炸药含有TNT和威力较小的硝酸铵或硝化淀粉，但不同批次的炸药在成分配比上存在差别。这些炸药均用带有黑色标志的黄纸包装，但有时会用棕黄色或浅黄色的蜡纸来包装。苏军使用过装在金属容器内的TNT炸药。这种炸药在样式上与德军使用的金属箱包装的TNT炸药类似，外涂暗绿色油漆，有1千克、3千克、5千克和10千克这几种规格。这些炸药的具体尺寸已无从查考，但显然与德国同类炸药的尺寸相近。

在一场巷战中，苏军士兵们正穿过缺口，冲向下一栋楼房。突击部队通常会扔掉背包和各种多余的装备，轻装上阵。由此可以判断，照片中央那名士兵背的箱子里可能装着爆破器材。（尼克·科尼什）

爆破筒经常被苏军称为“水管炸药”。苏军使用的爆破筒有 1 米长的，也有 2 米长的。这两种爆破筒直径都为 52 毫米，重量分别为 5.1 千克和 11 千克，而且爆破筒中的 TNT 炸药大概仅有整个爆破筒的一半重。这种“标准产品”数量较少，所以苏军在实战中往往会使用由水管临时组装的爆破筒。

苏军还经常制造炸药包，以便实施密集爆破。苏军制造炸药包的方法之一是把多块炸药放进帆布包里，再用线绳捆好帆布包，最后装上起爆雷管和延时导火线。另一种常见方法是先取一块 0.75 米长的木板，再在木板两端各固定一个 400 克重的炸药块，然后用帆布将这个装置包好，最后插入雷管和延时导火线。由此制作出来的炸药包很像两端挂着立方体重物的杠铃，而苏军主要用这种武器去攻击敌方射击口。这是因为这种炸药包较长，很难被敌人推出。

苏军还使用过不少缴获的德军爆破装置。尤其是，3 千克空心装药磁性反坦克雷（Haft-Hohlladung）几乎成了苏军部分部队的“标配”。

德国

德军的标准起爆雷管套件（Sprengkapselzünder）包括 1 支拉绳式摩擦点火器、1 段 1 米或 2 米长的延时导火线（可根据需要剪短或重新接好）、1 个电木（一种类似塑料的质地坚硬的绝缘合成树脂）雷管插口和 1 支起爆雷管。其中，延时导火线为黑色或灰色的，最快燃烧速度不到 1 厘米 / 秒。德军也经常使用浅绿色的导爆索，还配备过多种电子点火器，例如 26 型电子点火器、37 型电子点火器和 39 型电子点火器。

德军的爆炸装置一般配有 TNT 或苦味酸炸药，其包装材料种类繁多，包括黄褐色或褐色的纸、电木和带白色标志的原野灰（即深橄榄绿）金属箱。其标准引信插口用彩色圆形标签密封，而且不同颜色的标签对应不同的装药，如粉红色标签代表内装 TNT 炸药，黄色标签代表内装苦味酸炸药，绿色标签代表内装彭托利特炸药。

照片中，这枚被装在深绿色锌盒中的德制 24 型盒装炸药生产于 1940 年。其 3 个雷管插口用黄色圆形标签密封，以表明其内部有苦味酸炸药。（私人收藏）

这枚重 100 克、生产日期为 1941 年的德制 28 型成孔炸药被包在棕褐色压缩纸中，其顶部和底部的外壳由电木制成。雷管插口用粉红色圆形标签密封，以表明内部有 TNT 炸药。（私人收藏）

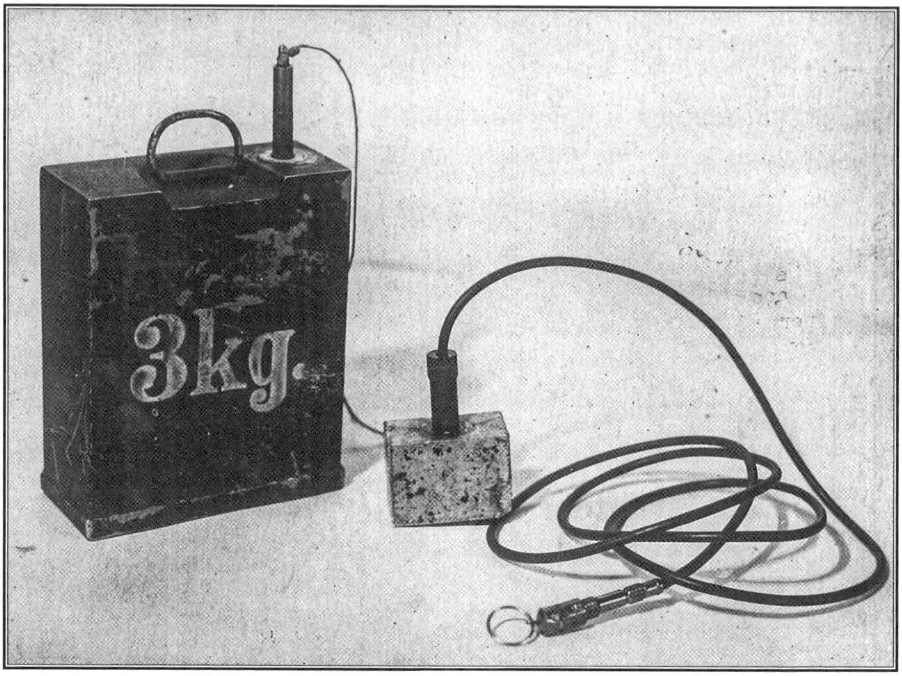

照片中的德制 28 型爆炸装置采用电木包装，内有 200 克重的苦味酸炸药。该装置还配备了标准起爆雷管套件——1 根旋转插入电木雷管插口的 8 号 A1 雷管（Sprengkäpsel Nr.8 A1）通过装入其中的延时导火线与 1 支 BZ29 拉绳式摩擦点火器相连。（私人收藏）

20 世纪 20 年代，德军开发了多种大型爆破装置。这类爆破装置包括：28 型成孔炸药（Bohrpatrone 28）和 28 型爆炸装置（Sprengkörper 28），两者均用硬纸或电木包装；24 型盒装炸药（Sprengbüchse 24），因配有抗压锌合金外壳而能在水下使用；3 千克和 10 千克重的成组炸药（Geballte Ladungen），有带提手的锌合金外壳。这些单独包装的炸药经常被德军统称为“一体炸药”（Einheitsladungen）。

德军有许多特种爆破装置。这些装置一般以其自身重量来命名。战争初期，德军率先将空心装药爆破装置投入实战。这些装置不仅让对手猝不及防，而且对德军的胜利贡献很大。二战中，德军步兵使用这类装置的广泛程度也是首屈一指的。

德军还装备过两种小型空心装药爆破装置，主要将其用于破坏炮管。这两种爆破装置分别重 300 克和 400 克，尺寸分别为 1.75 英寸 ×3.5 英寸和 2.8 英寸 ×3.1

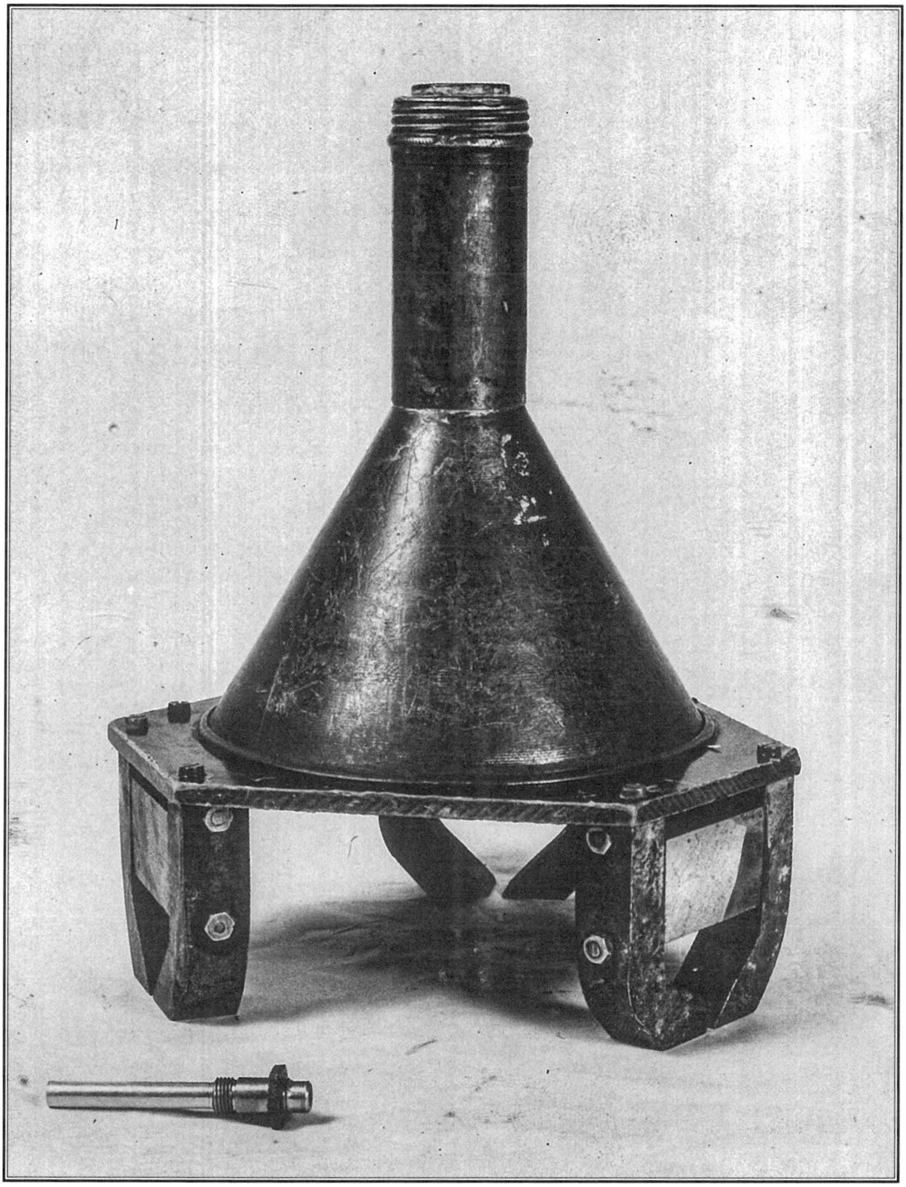

3 千克空心装药磁性反坦克雷高 10 英寸，直径为 6.5 英寸。这种绰号为“装甲开罐刀”（Panzerknacker）的武器装有成形高速炸药（通常为彭托利特炸药），而且锥形空腔有一层薄金属内衬。当这种装置被固定在目标上时，内部的炸药与目标之间会有一定距离。一旦这种装置被引爆，那层金属内衬就会迅速融化并形成射流。这一射流会以约 33000 英尺 / 秒的速度在目标上撕开一道细长的口子，并且还会和装置与目标因爆炸而产生的碎片一起进行杀伤。这种武器可以穿透厚度为其锥体直径两三倍的装甲；如果是钢筋混凝土层，其穿深会更深。（私人收藏）

英寸。要使用这类装置爆破炮管，操作员只需用绳子把该装置捆在炮管上，再用夹子将其固定住。

3 千克空心装药磁性反坦克雷可由人工投掷，不仅能摧毁敌军坦克，还能用来破坏碉堡的钢制大门和挡板。这种于 1942 年年末被投入实战的武器，其底座是一块装有三对磁铁的三角形胶合板，上面是可抓握的、顶端安装了引信和雷管的漏斗形钢制战斗部。这种反坦克雷的早期型带有 4.5 秒延时引信，但这一延时无法确保使用者安全逃离。因此，这种反坦克雷从 1943 年 5 月开始就使用了 7.5 秒延时引信。该武器可以穿透 140 毫米厚的装甲或 50 厘米厚的混凝土。值得一提的是，由于担心苏军会仿制这种反坦克雷，德军还专门为己方装甲车辆开发了一种防磁涂层。不过，这一担忧从未变成现实，苏军只是使用了少量缴获的德制空心装药磁性反坦克雷。1944 年年初，德军推出了尺寸为 6 英寸 ×10.75 英寸的 3.5 千克空心装药磁性反坦克雷。该版本在原理上与 3 千克版本相似，但改用了拆除头锥的“铁拳 60”反坦克火箭弹的战斗部，加装了磁铁和 7.5 秒延时引信。

德军常用的 12.5 千克空心装药炸药开发于战前，其外形如同一个倒扣的碗。这种炸药没有配备可提升金属射流穿透力的支腿，因此其穿甲能力只有约 4 英寸。其后续型号从外形来看类似子弹，重 13.5 千克，侧面配备把手，底部有 3 个折叠式或伸缩式支腿。这种炸药可击穿 9 英寸厚的装甲或 3.5 英尺厚的混凝土。德军还有一种重达 50 千克的空心装药炸药。由于重量过重，这种炸药被设计成两个部分，以便携带。其中，底座部分高 5.4 英寸，直径为 19.1 英寸，里面有一个大凹陷；上半部分的“圆顶”高 7.4 英寸，带有引信插口和可与底座部分固定的凹陷式底部。两个部分的侧面都有提把。德军的伞兵部队使用了一种专门开发的小型两轮车来运送这种炸药。这种空心装药炸药可以穿透 10 英寸厚的装甲，如果辅以 1 块 12.5 千克空心装药炸药，其穿甲能力可达到 12 英寸。如果连续引爆 2 个 50 千克重的空心装药炸药，那穿甲能力将达到 20 英寸。

德军的主力爆破筒是“3 千克钢制爆破筒”（Rohrladung, Stahl 3kg）。其中，“3 千克”代表的是 TNT 的装药量，但整套装置的重量超过了 4 千克。这种主体长 3.6 英尺的爆破筒可通过内部闭锁卡铁（类似步枪上的刺刀固定装置）与其他爆破筒连接，而且其头部还配有一个圆形保护罩。德军还会使用一种所谓的“延伸炸药”（Gestreckteladung）来替代“3 千克钢制爆破筒”。这种爆破装置由一块宽 0.1

一名英国皇家工兵士官正在展示缴获的 12.5 千克空心装药反坦克雷。该装置高 8.1 英寸，直径为 11 英寸。其深绿色的金属外壳上有 1 个雷管插口，顶部则有 1 个布提手。由于威力有限，这种生产于二战前的德国爆炸装置很快就被威力更大、底部装有折叠式支腿的 13.5 千克空心装药反坦克雷取代。（私人收藏）

米、长 2 米（或更长）的木板和多个 200 克重的炸药块组成，而且这些炸药块会以 100 至 150 毫米的间距被绑在木板上。德军还经常在木板上钉入木制横条，以确保炸药块固定到位。这些炸药块还可用木柄手榴弹弹头来代替，但最靠近使用者的弹头应保留手榴弹的木柄和配套的起爆装置。无论使用炸药块还是手榴弹弹头，制作者都应把炸药块或弹头的引信插座指向后方，以便实现连锁反应。200 克重的炸药块可以使用标准起爆雷管套件，这样就能合理设置延时；木柄手榴弹只能使用自带的起爆装置，其延时只有 4.5 秒。德军还有长 2 至 4 米的爆破杆。这是把炸药块固定在一块加强的长方形木板末端或一个桨形木板上的爆破装置。

在没有爆破筒时，德国工兵会使用“延伸炸药”这种临时装置去破坏铁丝网。这张照片中的“延伸炸药”是固定在木板沟槽上的 14 枚木柄手榴弹弹头。另一种“延伸炸药”是被铁丝绑在木板上的多个 200 克重的 TNT 炸药块。（私人收藏）

德国 3 千克球形炸药（3kg Kugelladung）也值得一提。这种炸药可投入敌军工事的射击口中，但在实战中很少被采用。这种直径为 6 英寸的炸药装有 5.6 磅重的彭托利特炸药，带有 7.5 秒延时引信，并且在顶端处配有一个帆布提把。

德军爆破装置一览

28 型成孔炸药:重 100 克;TNT 或苦味酸;高 3.9 英寸,直径为 1.2 英寸;纸外壳;1 个雷管插口。

28 型成孔炸药:重 100 克;苦味酸;高 4.1 英寸,直径为 1.4 英寸;压缩纸外壳,顶部和底部为电木;1 个雷管插口。

28 型爆炸装置:重 200 克;TNT 或苦味酸;1.5 英寸 ×2 英寸 ×2.75 英寸;纸外壳;1 个雷管插口。

28 型爆炸装置:重 200 克;苦味酸;1.8 英寸 ×2.2 英寸 ×3 英寸;电木外壳;1 个雷管插口。

24 型盒装炸药:重 1 千克;TNT 或苦味酸;2.2 英寸 ×2.9 英寸 ×7.9 英寸;锌外壳;3 个雷管插口。

成组炸药:重 3 千克;TNT;3 英寸 ×6.5 英寸 ×7.7 英寸;锌外壳;3 个或 5 个雷管插口。

成组炸药:重 10 千克;TNT;5 英寸 ×8.7 英寸 ×10 英寸;锌外壳;6 个雷管插口。

日本

日军配备了多种非电子击发起爆雷管、拉绳式摩擦点火器、延时引信和导爆索,但这些装置的具体细节不详。日军常用的炸药包括 TNT 和苦味酸炸药,其外包装主要是黄褐色蜡纸或者浅橄榄褐色容器。日军还大量使用了一种成分以黑索金为主、名叫"淡黄药"(Tanoyaku)的粗劣炸药。这种重 100 克的圆柱形炸药平时被包在绵纸中,同时绵纸外还有一层厚纸包裹。

日军的标准爆破筒有 10 磅重,内部装有 10 块 110 克重的 TNT 或黑索金炸药,通常以 4 节为 1 组。这些爆破筒的一端有螺旋顶盖,另一端有旋转密封塞。日军会根据需要将多节爆破筒连在一起。日军的爆破筒还配有 1 个单独的引爆器、2 根起爆雷管和 1 个钝圆形头锥。其中,头锥上面还有 1 个用螺丝固定的拉绳式摩擦起爆器。使用这种爆破筒时，士兵需要将拉绳式摩擦起爆器取下，并将其安装到最后一节爆破筒的尾部，还要把头锥安装到第一节爆破筒的顶部。接下来，只要士兵拉动拉绳，整套装置就能在六七秒时被引爆。日军还经常用竹子来制作简易爆破筒，而且这种爆破筒有的相当巨大。

日军广泛使用的另一种爆炸装置是九九式破甲爆雷（“九九”指的是日本皇纪2599年，其对应的公元年为1939年）。这种尺寸不大但需要人工安放的磁性雷利用其爆炸冲击波，可以击穿1.25英寸厚的装甲。由于外观为圆形且圆形边缘有4块磁铁，这种装置也被称为“龟之子”，一般被存放在帆布袋中。九九式破甲爆雷被设计用来摧毁碉堡门，但有时也被用来破坏坦克较薄的侧面和顶部装甲。该武器重2.625磅,内含1.438磅重的TNT炸药,装有延时10秒的震动触发式起爆器(与坚硬表面发生碰撞后就会引爆)。日军还会利用九九式破甲爆雷固有的磁性，把2枚该型地雷连在一起，以便将其穿甲能力提升到2.25英寸。在有些情况下，日军会把2对九九式破甲爆雷的磁铁拆除，再将1块200克重的苦味酸炸药夹到其中，以此制成一个大型爆破装置。

日军喜欢使用大型爆破筒。照片中的爆破筒由直径为3英寸的、里面装有苦味酸炸药的竹竿制成。

日军爆破装置一览

圆柱形炸药

100 克重的 TNT 或苦味酸:高 4.6 英寸，直径为 1.2 英寸。

100 克重的“谢德”(Cheddite，即 76% 的高氯酸铵和 24% 的 TNT 的混合物)炸药:高 4.6 英寸，直径为 1.2 英寸。

100 克重的塑料炸药:高 4 英寸，直径为 1.5 英寸。

块状炸药

200 克重的苦味酸：1 英寸 ×2.5 英寸 ×2.5 英寸。

400 克重的 TNT 或苦味酸：1.6 英寸 ×2 英寸 ×2.8 英寸。

400 克重的芒硝：1.6 英寸 ×2 英寸 ×2.8 英寸。

1 千克重的 TNT(锌外壳)：2.2 英寸 ×3 英寸 ×8.2 英寸；资料显示，日军还使用过类似的 3 千克和 10 千克重的爆破装置。

运用突击战术

在小分队一级的突击行动中，战术应尽量简单，这是因为下级军官大多经验有限，而且实战中的指挥控制会遭遇很多困难。下面讨论的战术将以 1 个 3 班制步兵排为例。

步兵排的运动队形也应以简单为宜。横队，又名“散兵线”（Skirmish Line），是步兵排可采用的一种队形。在这种队形中，各班将齐头并进，以尽量增强正面的火力。当采用纵队时，各班将鱼贯前进。这种队形不仅能提高行军速度，还便于控制。“V”字队形或楔形队形是 1 个班位于前方，2 个班分别在其左后和右后侧翼。这种队形很适合在不清楚敌方位置时使用，因为在与敌军发生接触时，采用这种队形的排只有先头班处于暴露状态，而后续班可以迅速从先头班的一侧

1944 年 6 月 26 日，诺曼底，在埃普索姆行动（Epsom Operation）中，皇家苏格兰燧发枪手团第 6 营的一个排在薄薄的晨雾中相当暴露地穿过齐腰高的庄稼地。可以看到，照片左侧有一个班，右侧前景中有另一个班的一部分。由此可以断定，该排采用了典型的“V”字队形或楔形队形，即 1 个班在前，2 个班在后。照片左侧还有一名可能是排长或排军士的步枪手。他与各班都保持着一段距离，而且在这一传统中心位置上，他可以看到整支部队，还可以指挥和控制行动。（英国帝国战争博物馆，图片编号 B5951）

或两侧上前。与“V”字队形对应的倒“V”字队形是2个班在前方，1个班在后方居中的位置。其中，后方的班可提供后方警戒，还可向左翼或右翼机动，从而与前方的班同处一线或保护侧翼。无论采用“V”字队形,还是采用倒“V”字队形，位于后方的步兵班都可发起迂回，以包抄敌军。一种较少使用的队形是“梯队”。采用这种队形时，第一个班将在前方开路，第二个班和第三个班会向左侧后或右侧后展开。这种阶梯式队形可使火力朝前方和侧翼投送，也使后面2个班能快速运动到前沿或者侧翼。拥有4个班的步兵排可使用“箱形”队形或“菱形”队形。在以上几种队形中，步兵排下属各班可以根据实际情况采用不同队形。例如，当战斗迫在眉睫时，即使整个排采用横队，其下属各班也可采用横队；处于行军状态时，每个班可以排成便于行军和指挥的纵队。

排、班和士兵的间距取决于地形、植被、视野和战术形势。在沙漠等开阔地形中，队形要尽量分散。在丛林和森林中，部队最好缩小间距，并把轻机枪部署在最前方，但此类地形往往因视野有限而导致排连级迫击炮几乎无法使用。在理想情况下，友邻单位要保持目视接触，士兵则应彼此相隔1至5码不等。班长在纵队中应处于相对靠后的位置，而在横队中应位于队伍中央。步兵排排长在纵队中通常会在先头班后方跟进，而在其他队形中应位于中间，并通过不断运动来进行观察和指挥。排军士也大体如此行动，并且还会将自己置于排长不便抵达的地点，或在队伍最后方压阵，以防止人员掉队。

按照条令，部队只有在绝对必要时才会发动正面进攻。理想情况下，部队会从敌军的侧翼和后方展开攻击，但这样的攻击有时根本不可行，因为部队会受到地形和敌军部署的影响，例如目标是一串连续的、互相支援的纵深阵地。推进时，西方盟军和德军一般会遵循“火力和运动”原则。这意味着，步兵班需要分成火力组和实施机动的步枪组。其中，火力组由步兵班的机枪组担任，任务是占据有利位置并与目标交火；步枪组则借机实施机动，以便与敌军近战。如果没有机枪，上述工作也可由2个机动组交替承担，即1组提供掩护火力，1组展开机动，二者不断交替，“蛙跳”前进。只要情况允许，步兵排也会照此行动，即1个班提供火力掩护，2个班快速推进。如果沿道路推进，各下属单位会分成若干组，这些组会沿着道路两侧平行前进，并准备随时掩蔽和还击。

苏军和日军的战术将在“各国实践”一节中进行讨论。

武器的运用和效果

使用武器时，士兵必须将自身火力与分队火力结合起来，还要了解武器对目标（尤其是得到加固的目标）的攻击效果。武器能否发挥作用往往取决于形势，这就要求武器使用者必须灵活行事，而不能拘泥于条令手册。

步兵装备的步枪一般为栓动式的，口径在 7.62 至 8 毫米之间，也有一些为 6.5 毫米口径。大部分国家军队的步枪配有 5 发弹匣，但英联邦军队的步枪配备 10 发弹匣，而美军使用的是带 8 发弹匣的半自动步枪。德军和苏军也有半自动步枪，但数量不多。由于守军一般会依托掩护作战，不会轻易暴露自己，进攻方的步枪和使用步枪子弹的机枪的穿透力就至关重要。如果枪弹无法射穿圆木、砖石、两层沙袋、房屋内墙、天花板或浓密的灌木丛，这些武器的价值将大打折扣。在这方面，日军和意大利军队的 6.5 毫米口径步枪的问题尤其严重。

1944 年冬至 1945 年春，英军的这名准下士（Lance-Corporal）是步兵班布伦轻机枪小组的组长。此时，他已经使用一支 9 毫米口径的斯登冲锋枪而非步枪——比起美军步兵，英军步兵使用冲锋枪的情况更普遍。该步兵班正排成横队，穿过茂密的树林，而轻机枪小组显然在左翼。所有人都保持警惕，准备在接敌时全力向前开火。显而易见的是，在步兵突击时，树林会限制营属机枪和迫击炮等支援武器，而班组机枪会承担更多任务。（英国帝国战争博物馆，图片编号 B14413）

使用 5 发弹匣的栓动式步枪时，1 名熟练的步兵每分钟（包括装弹的时间）可以准确发射 8 至 10 发子弹；如果只是粗略瞄准以提供火力压制，其弹药投送量会更大。这意味着，在火力压制模式下，1 个拥有二三十支步枪的步兵排就算无法制造多少杀伤，也能给守军造成巨大的心理震撼，并迫使其低头躲避。理论上，士兵应该一边冲锋，一边开火射击，但这种做法在实际行动中很难实现。这是因为士兵们大多会跑到掩蔽处之后才会开枪，而且在冲锋时也很难装填子弹。攻入敌方阵地后，狭窄的空间会在一定程度上限制步枪的使用，但步枪仍不失为一种有效武器。二战中，苏军和日军还要求随时为步枪上刺刀，但刺刀在战斗中造成的伤害少之又少。

在各国步兵中，冲锋枪（又被称为“机关手枪”“机关卡宾枪”）极为少见。如果步兵部队有这样的武器，那通常只有班长和排长才会配备。但苏军从 1943

掘壕据守时，任何步兵排防御的“基石”都是其班用轻机枪。照片中，这名英军正在一条沿树篱底部构建的狭长的双人堑壕中。堑壕顶上有木板或一扇旧门，上面还铺着几英寸厚的泥土。但在这种掩体中，士兵只能避雨，无法躲避迫击炮的攻击。士兵的身边放着一个可以容纳 12 个弹匣的弹药箱，他手边的 3 枚 36 号破片手榴弹将作为抵御德军冲锋的最后武器。（私人收藏）

年开始大量装备冲锋枪，其冲锋枪保有者的数量甚至占到步兵排人数的一半。美国陆军和海军陆战队的步兵排，以及日军步兵小队都没有冲锋枪。德军中，冲锋枪一般为班长的装备。英联邦军队于1942年至1943年期间为班长装备了此类武器。由于冲锋枪射速快、结构紧凑且适合近距离作战，有些部队就将缴获的冲锋枪作为“编外武器”使用。然而，冲锋枪使用的手枪弹穿透力很差，有效射程最多只有50码。

二战期间，各国的班用自动武器是轻机枪。这些机枪都配有两脚式支架，而且在总体性能上类似，但因弹药量不同而在火力持久性上存在很大差异，比如美军的为20发，英军和日军的为30发，苏军的为47发，而德军的为50发弹链（多条这样的弹链还可连起来，以延长火力持续时间）。有些轻机枪可以快速更换枪管。轻机枪的意义在于其能够实施火力压制，比如能打击射击口和小股敌人。关于步兵武器射程方面的离奇传闻有很多，但步枪和轻机枪的实际有效射程最多只

美国海军陆战队步兵营武器连的M1917A1水冷式0.30英寸口径机枪。每个武器连都有12挺这种机枪。1944年，这些机枪被下放至步兵连。在突击行动中，此类连级和营级中型机枪或重型机枪会在后方提供火力压制，并保护突击部队的侧翼。

有 300 码，而且步兵之间的交火大多发生在 100 码以内。

连级和营级机枪会配三脚架，采用水冷式枪管（例如英军装备的机枪、美军的某些机枪就采用这种设计）或风冷式枪管，而这也使其持续射击时间更长。重机枪最有效的使用方法是两两一组，为部队提供掩护和压制火力。但在二战中，各国军队已经很少像一战时那样用重机枪进行曲射。

在突击行动中，部队会使用手榴弹去攻击战斗阵地、碉堡、地堡、洞穴和建筑内的目标。大多数步兵会随身携带 2 至 4 枚手榴弹，而且必须不断得到手榴弹补给,但这一点在实战中很难做到。手榴弹有“进攻型”和“防御型”两类。其中，主要依靠爆炸制造杀伤的进攻型手榴弹因产生的破片较少而能降低误伤友军的风险；防御型手榴弹会产生大量破片，而且一般会被守军用来对付暴露在外的进攻部队。这些所谓的防御型破片手榴弹在肃清敌方据点时往往更有效，但在实战中，士兵们经常抓起手榴弹就用，根本不会考虑它们是进攻型的还是防御型的。另外，各国开发的破片套件只要套在进攻型手榴弹外面，就可将进攻型手榴弹改装为防御型手榴弹。二战期间还有一种白磷手榴弹。这种手榴弹一旦被引爆，其内部填充的白磷就会被点燃，从而生成大片白色浓烟和温度高达 2760 摄氏度的细小白磷液滴。这些四处飞散的白磷液滴会烧穿人的肌肉，而且很难被熄灭。如果士兵试图将身上的白磷滴液擦掉，那只会令其燃烧得更加猛烈。因此，白磷手榴弹在进攻敌人据点时效果惊人。各国军队的手榴弹在引爆时间上也不同。其中，美军手榴弹的引爆时间为 4 至 5 秒，英军的为 4 秒，苏军的为 3.25 至 4.25 秒，德军的为 4.5 秒，日军的为 4 至 5 秒。为防止已投出去的手榴弹被敌人投回，投掷者可以在拉动引信之后等待二三秒，再将手榴弹投出。不过，由于延时引信可能质量欠佳，加上人员也会误判时间，这种做法实际非常危险。

枪榴弹是攻击野战工事的有力武器，而且可分为反坦克枪榴弹和反步兵枪榴弹两类。这种武器可用于直瞄发射或间瞄发射，但攻击精度不高，有效射程也不到 100 码。排级和连级的反坦克武器也能有效对付工事。不过，这类武器被设计用于反坦克，所以在攻击混凝土、土壤和圆木构筑的工事时效果不佳，而这点在反坦克步枪上尤其明显。但战争后期问世的肩扛式火箭筒，如美军的“巴祖卡”、英军的 PIAT 和德军的“铁拳”得益于空心装药弹药，在打击工事时就更有效。

迫击炮虽然体型小，但威力大且射速很快。携带迫击炮的士兵可以伴随突击步兵行动。然而，迫击炮无法打击点目标，还会消耗较多弹药，而且其使用的炮弹比较重，难以通过人力搬运。在连级和营级部队，迫击炮火力可以随叫随到，这使部队无须呼唤远程火炮，但 50 至 60 毫米口径的轻型迫击炮很难击穿野战工事的顶部。要对付这些野战工事，部队至少要投入 81 毫米口径的中型迫击炮。不过，由于这类迫击炮缺乏低延时引信（即延时不到 1 秒的引信），其威力经常难以正常发挥。连级迫击炮很少会下发给排，但会被集中使用，以便加强和控制火力。

苏军、德军和日军还装备了步兵炮。这种武器实际上是一种轻型榴弹炮，而且在大多数地形上可用人力搬运。步兵炮能发射间瞄火力，但其真正的价值在于发射直瞄火力，以精确打击机枪阵地等目标。

坦克和突击炮不仅能碾压铁丝网和摧毁机枪火力点，而且能抵御轻武器、弹片、小口径火炮和反步兵地雷的破坏，还能克服常规障碍。然而，二者无法抵抗反坦克炮、反坦克火箭和地雷的攻击，也无法承受远程火炮的近距离直射，还可

在这张据说拍摄于科雷吉多尔岛的照片中，日军突击工兵正在用百式火焰喷射器（“百式”代表日本皇纪 2600 年，即公元 1940 年）攻击混凝土碉堡。

火焰喷射器会消耗大量燃料，而且很多燃料都是在离开喷嘴后并抵达目标前浪费的。为避免浪费，火焰喷射器射手可先向目标喷射燃料，再短促喷火（或发射曳光弹、照明弹）以点燃附着在目标上的燃料。这种方法的缺点是毫无声响，不会让掩体内的敌军闻声而降。朝封闭阵地内喷射的火焰不仅会使守军严重烧伤，而且会消耗氧气并使其窒息，还会点燃一切可燃物和引爆弹药。

能受困于地形和大型人造障碍——因火炮仰角有限而无法攻击位于建筑高层的目标。[2] 一旦成功克服地形和障碍，坦克和突击炮就可以利用其主炮和机枪去打击敌方阵地，为突击步兵提供宝贵的支援（以及心理鼓舞）。此外，安装枪炮的半履带车、各种特种工兵突击车（比如推土机和扫雷坦克）、携带大口径短程火炮的装甲工兵突击车，以及喷火坦克都可以协助步兵突击。面对特别坚固的工事或坑洞，牵引式重炮或自行式重炮有时也会去占据阵地，以发动近距离轰击。

火焰喷射器是摧毁工事的有效武器之一，并且在二战中被各国军队不同程度地使用过。但火焰喷射器有一系列缺陷，这导致其难以发挥威力。这些缺陷包括重量重（经常超过 70 磅重），携带不便，需要特殊的燃料加注设备，点火装置不可靠，射程很短（仅 15 至 20 码），以及因通常使用汽油等未增稠的油料而喷火次数有限且喷火时间过短。美军、英军和德军还使用过以喷火主炮取代炮塔火炮或车首机枪的喷火坦克。这些坦克不仅射程较远（可达 60 码、70 码甚至 100 码），而且因能携带大量油料而喷火时间更长。喷火坦克最大的优势是它们在靠近目标时不会使喷火兵暴露在敌方火力之下。

步枪子弹的穿透力

美制 0.30 英寸口径的 174“格令”（Grain）M1 圆头弹在威力上略大于英国 0.303 英寸、苏联 7.62 毫米、德国 7.9 毫米和日本 7.7 毫米口径的子弹。以下为“格令”M1 圆头弹在 200 码射程上对不同材质的物体的穿透力数据：

装甲板	0.3 英寸 *
普通混凝土	2 英寸
砖墙	5 英寸 **
碎石	8 英寸
干沙	12 英寸
湿沙	14 英寸
实心橡木	20 英寸
土	30 英寸
油性黏土	60 英寸 ***

* 如果使用 0.3 英寸口径的穿甲弹，可穿透 0.6 英寸厚的装甲板。

** 如果砖墙质地较软，穿透得更深。

*** 此为最大值，但实际穿透力取决于黏土的稠度。

突击准备

要攻击被障碍阻隔的筑垒阵地，部队必须做大量规划、准备和协调的工作，而这些工作的规模又取决于参战部队的规模、已知的情报和可用的时间。

为了在筑垒地域和建筑密集区展开的突击行动中幸存下来，步兵需要 2 人或 3 人一组行动，以便在开火和机动时相互支援。

在集结区域领取了口粮和水的突击队正走过一处弹药补给点，以便领取弹药和手榴弹。

行动发起前，连长要向步兵排通报任务和目标。之后，步兵排将转移到集结区域，以便做准备。前进观测员将奉命协调火炮和迫击炮火力。支援武器将各就各位。各火炮也将接到各自的开火任务。但这些工作大部分会在团级和营级完成。在排级，部队需要与各配属单位（比如工兵和连属机枪单位）协调，还要确认行动的出发地点和时间，支援炮火开始、结束或转移目标的时间，以及连指挥所、急救站、弹药储存点和补给点的位置。在此期间，部队还必须与提供支援的机枪、迫击炮、步兵炮、坦克以及友邻单位沟通，这一点尤其重要。

坦克支援意义重大，但并非随叫随到。二战期间，美军研制了一种步兵支援型“谢尔曼”坦克。这种坦克未安装75毫米高初速火炮或76毫米高初速火炮，但配备了1门105毫米榴弹炮。为了支援步兵进攻，美军还改装了大约250辆绰号为“小飞象”（Jumbo）的“谢尔曼”坦克（炮塔装甲得到大幅强化，车体也安装了附加装甲），而在这张拍摄于1945年3月20日德国阿尔蔡（Alzey）的照片中，左侧这辆隶属美军第4装甲师第37坦克营、配有76毫米炮的M4A3E2坦克就是其中之一。（美国国家档案馆）

步坦协同具有重要意义，但各国军队经常是在遭受惨重损失后才领悟到这一点的。二战初期，坦克兵和步兵被视为彼此独立的兵种。不过，各国军队很快就发现二者必须紧密配合且缺一不可。坦克乘员需要知道步兵位于何处，应在何地与步兵取得联系，以及步兵的任务是什么。只有如此，坦克乘员才能在适当的时间对必要的目标发动进攻。由于当时坦克和步兵的电台使用的频率不同，部队在准备期间必须事先规定坦克和步兵的联络方式。这也意味着，部队要为坦克提供步兵电台，或者在坦克的车尾安装野战电话，以便随行的步兵使用。战场上，响亮的引擎声和各种噪音使得口头交流几乎无法进行。因此，步兵和坦克乘员会使用其他手段来联络彼此。例如，步兵可能会用曳光弹、彩色烟幕弹和信号弹来为坦克指示目标，但这并不能解决所有联络问题，因为坦克乘员的视野不仅受到坦克本身的限制，还受到硝烟和尘埃的影响。步兵和坦克需要在最低层面上直接协同，这一点对于胜利至关重要。换言之，如果某坦克排或坦克连被配属给一个步兵连，那该坦克排或坦克连的指挥官必须直接与步兵连的连长和排长们协调。在有些情况下，各坦克的车长还必须与各步兵班的班长协调。

突击部队必须了解目标及其位置，但这远远不够。上级还必须通报已查明的障碍、防御阵地，以及守军武器的朝向与潜在射界。这些情报来自突击部队或其他单位的侦察巡逻队，或者来自对航拍照片及地图的研判。突击部队也可能发起试探和佯攻，以吸引守军还击并暴露位置。然而，突击部队往往只能获得少量情报。如果敌军伪装得很高明，尤其是敌军藏匿在茂密的植被中，那突击部队就只能猜测敌军大致的前线位置。

部队要明确各班、排的运动队形，还要指定班的轻机枪和配属班的其他武器的位置。部队应将炸药、剪线钳和探雷设备等工具与装备分配到人，而且要指定相应的替补操作人员。班、排应根据任务特点进行编组。步兵班可以维持原有建制，但也可拆散成突破组、突击组、掩护组或支援组。

一个或多个突破组（可能完全由工兵组成，也可能是得到工兵加强的步兵小组）可能被指派去开辟通道。突破组的组长应由意志坚定者担任，而且此人必须深受部下信任。在预有准备的突破雷场行动中，突破组可能规模很大，甚至相当于一整个工兵排。一旦完成突破，突击组将穿过缺口。此时，突破组的幸存者将为突击组提供支援，也可能会加强突击组，甚至会接管突击组的指挥权。

如果时间和形势允许，排长和班长应事先侦察通往攻击出发线的路线，并用望远镜观察目标的所有可见细节。他们应尽可能详细地向突击步兵介绍目标和已知的防御工事。为此，他们可以绘制草图，也可以在地面上画一些简单的线条，就像这张拍摄于 1944 年 8 月中旬的照片所展示的——美军第 30 步兵师第 120 步兵团的一名班长正在诺曼底为部下讲解。如果相关信息较多且时间充足，他们还可用土堆、树枝和石块制作一个更精致的沙盘，甚至对行动进行预演。但在大多数情况下，可用的信息很少，部队也被迫发动仓促进攻。（美国国家档案馆）

突击组往往规模很大且装备精良。突击组一般由排长亲自带领。突击组的成员大多都是善战的老兵，而且这些老兵绝不会在开火时瞻前顾后。有时，部队会组织两个突击组，以便对目标的不同地段发起攻击。如果一个步兵排下属各班的班长缺乏经验，排长和排士官可以分别带领一个组（这两个组要么都是突击组，要么是一个突击组和一个支援组）。行动前，部队必须讨论攻击目标的方式。如果时间充裕，突击组和突破组还要预演。所有重要的任务都要指定后备人员，如有可能，每名士兵还要了解其他人的任务。

支援火力

二战中，各级部队一般都有火力支援单位，而且根据任务不同，有的部队可

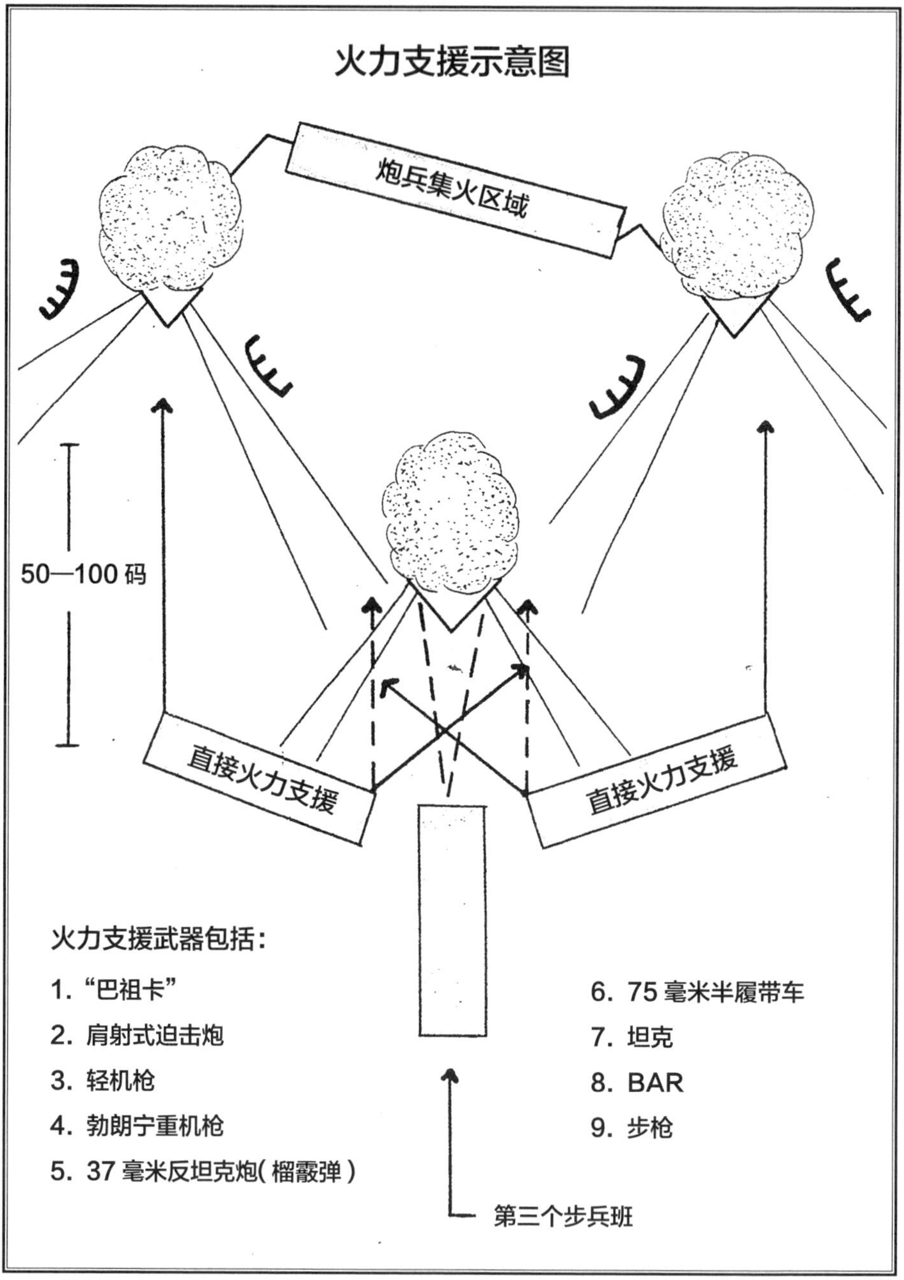

本图由美国海军陆战队绘制，展示了部队在重火力支援下攻击多座可相互支援的碉堡的设想。可以看到，在炮兵集中火力轰击三座碉堡的同时，两个步兵班在用火力压制这些碉堡（即图中的“直接火力支援”），第三个步兵班则直接强攻第一座碉堡。图的下方还列出了可能使用的各种支援武器。

能得到其他级别部队的火力支援，但这些火力必须进行协调。总体而言，无论哪级部队执行突击任务，该部队通常都会派出两个下属单位直接执行任务，并将另一个下属单位留作预备队或提供支援的单位。当连级部队执行突击任务时，由于该部队的进攻正面较窄，其下属的两个突击排通常会得到同一个火力支援单位提供的支援。当营及营以上的部队执行突击任务时，一个突击连会负责进攻主目标，另一个连则负责进攻次要目标。这里的“次要目标”并不意味着这类目标价值较小。事实上，占领这类目标的部队不仅有助于掩护主攻部队的侧翼，而且能为主攻部队提供火力支援，还能在主目标达成之后协助后续攻击。因此，次要目标的重要性同样不容小觑。

主攻连在行动时会得到大部分营级火力的支援，甚至会获得团级支援火力。例如，该连将得到营属迫击炮排和三个机枪排中的两个提供的直接火力支援，外加一个来自团部的反坦克排或步兵炮排的直接支援，而上级分配给全营的大部分重型迫击炮和远程火炮也可能支援该连。如果步兵营拥有一个坦克排，该坦克排也要支援主攻连。即使该坦克排受地形或障碍的限制，只能被派往其他方向，该坦克排也要为主攻连提供侧翼火力支援。主攻连会被派到正面的一个较窄的区域，这有助于其集中火力。

突击时，如果主攻失败或陷入停滞，攻击重点可以从主目标转到次要目标，总之就是不能让失败继续。此时，部队可以向次要目标投入预备队，并转移支援火力。为确保这些工作顺利完成，武器的位置必须在战前确定。机枪应伴随攻击部队，或者被置于后方有利位置，以便穿过己方单位之间的空隙进行射击。如果地形适宜且仰角足够，机枪还可越过友军的头顶，进行间接射击。连属迫击炮应当被部署在前进单位后方不远处，以尽可能地贴近前沿。这不仅能扩大前进单位的射程，还方便其快速前进。营属迫击炮应在相对靠后的地点就位，以掩护整个营的正面，但也可能向前转移，以支援主攻连。与迫击炮一样，步兵炮在提供支援火力时可进行间瞄射击。但步兵炮经常被推到最前线并直瞄轰击敌军阵地，而反坦克炮也能如此部署和使用。但不管使用什么武器，部队都要注意武器的射界，以尽量避免误伤友军并把火力集中到必须予以优先打击的目标上，还必须时刻小心遮挡武器射界的友军步兵。

排级部队一般会把所有直属和配属武器纳入一个支援组，而该支援组通常由排士官带领。这样的支援组也可能不止一个。例如，部队可能将提供支援的 1 门轻迫击炮部署在后方（必须能看到目标区域），将提供掩护火力的 1 支反坦克枪或 1 具“巴祖卡”部署在靠前的位置。有时，部队会把几支班用机枪集中起来，交由一人指挥，以掩护突破组和攻击组；配给步兵排的几挺连属机枪可能会被部署在其他地方，以发挥其射程优势。通常情况下，机枪会被部署在步兵排的阵地各处，以便打击不同的目标。

与一战时相比较，二战期间进攻部队的炮火准备往往更为短促。各国军队一般不会对整个区域进行长时间弹幕射击，而会尽量精确瞄准射击（前提是目标位置已确定）。但在很多情况下，饱和射击和徐进弹幕射击仍是必要的。在此期间，师属轻型火炮负责轰击敌方前沿目标，而师属中型火炮负责轰击敌人后方的阵地；军属炮兵可能会加强这两者，同时负责炮火反制。[3]

烟幕可以阻挡敌军视线，也可遮蔽己方阵地，还可掩护友军前进和撤退。另一方面，烟幕也会将能见度降到几码，从而妨碍进攻者自身，使其很难保持前进方向或规避障碍。即使是较为稀薄的烟幕也很有用，因为白烟在某些武器的光学瞄准镜中会被放大，这就导致光学瞄准镜无法精确瞄准。烟幕还会让守军的装甲战斗车辆乘员心生恐惧，因为他们害怕步兵会趁机抵近攻击。烟幕可以通过手榴弹、枪榴弹、发烟罐、地面和车载发烟装置施放，还可由迫击炮、远程火炮、航空炸弹或飞机发射或撒布。烟幕的效果在很大程度上取决于风速、风向、气温、空气湿度、投放方式和发烟剂类型。如果使用的是燃烧得比较猛烈的发烟剂（尤其是白磷），烟幕的生成和消散就很快。部队必须根据需求不断补充烟幕，还要单独发射一些烟幕弹去填补“缺口”。

突击

突击的具体方式取决于前进的距离。突击前，部队可能要进行一段时间的接敌行进或接敌运动。途中，部队可能会遭遇敌军的巡逻队、掩护部队、外围阵地以及大量障碍，甚至遭到空袭和炮击等远程火力打击。在接近敌方前沿阵地之后，突击部队应立即发动进攻，或在交火开始后立刻转入攻势。

行动前夕，突击部队要先前往冲击出发阵地或最终集结区域。这些阵地必须能为突击部队提供掩护和隐蔽，还要处于轻武器的射程之外。到达阵地后，突击

突击时，炮兵前进观察员和迫击炮前进观察员至关重要，因为他们能准确引导炮火去打击妨碍进攻的具体目标，而且向大片区域毫无目标地发射炮弹也没有什么作用。他们所做的火力控制工作包括为炮兵单位指定目标，确定火力打击的时间和时长，指定后续任务等。指定停止炮击和改变炮火落点的时间尤为重要，因为一旦攻击开始，前线部队就很难使用电台和电话进行通信。美军和英联邦军队的炮兵前进观察员一般会随步兵行动，而苏军、德军和日军会让其炮兵观察员留在步兵身后的观察哨内。

在城市地区，排下属各班通常会分别沿着街道两侧前进。这样一来，每个班都能观察到其对面建筑物的上层和屋顶。在这张拍摄于 1944 年 9 月 11 日的照片中，德军步兵正在法国布雷斯特（Brest）郊区战斗。（美国国家档案馆）

部队应当完成所有准备工作。火力准备要于规定的时间开始，突击要在 H 时（又名“零时”）从攻击出发线（又名“攻击起始线”）发起。突击发起之前，部队可以先派突破组去开辟道路，或者让其他单位进行佯攻与牵制。

突击能否成功，这取决于部队的士气（即士兵们的斗志）、休息情况、补给状况、指挥官的领导能力以及天气，也取决于支援武器的部署状况和部队的机动计划。突击部队应在指定时间或者在得到命令之后越过攻击出发线。接下来，突击部队可能遭到敌军远程火炮和迫击炮的轰击，并在距离敌军阵地 300 至 500 码处（这一距离在植被茂密的区域可能会更短）遭遇敌军的直瞄火力。因此，突击部队应小心前进，并尽量保持隐蔽，而且突击部队和随行的班组武器只有在遭遇敌人前哨阵地或巡逻队时才能开火。突击部队应依靠支援火力压制敌人，并趁势接近目标。只有在支援火力无法压制敌人的情况下，突击部队才能开火，以求继续前进。

大多数国家的军队都规定人员和下属单位不应“扎堆”。“扎堆”的危害有很多，例如前进速度会减缓，人员或分队会沦为敌军的靶子。一旦交火，不管友邻单位的位置和行动如何，突击单位都应继续前进。这就是各国军队强调的保持进攻势头。也就是说，突击部队必须不断向前推进，不能停顿下来照顾伤员，不能被侧翼的敌军分散注意力，也不要顾忌侧翼是否暴露。突击部队可以稳步前进，也可在掩蔽物之间做短途冲刺，还可缓缓地匍匐前进。但采取何种方式前进，这取决于形势。为避免严重伤亡，突击部队应避免一次猛冲 50 码以上的距离。

进入敌人阵地之后，战斗结果将由近战决定。近战期间，双方会使用枪械、手榴弹、炸药包和刺刀等武器，甚至徒手肉搏。如果攻击得手，突击部队必须肃清和搜索阵地，收集敌方武器，同时保持警戒，这是因为不甘失败的敌人很可能从任何方向发动反击。就算肃清阵地，当地也不可能风平浪静，因此突击部队必须巩固战果。突击部队可以通过解散突破组、突击组和支援组来恢复原有建制，也可进行重组，以便继续进攻。所有部队都要清点人员，救治和疏散伤员，将俘虏集合起来并送往后方，重新分配弹药，还要将人员和武器部署好以迎接敌人的反击。有能力反击的敌人一般会尽快反击，就算反击相对仓促且无法将突击部队赶出阵地，也可打乱其阵脚。之后，敌人可能会投入预备队，发动一次规模更大的反扑。如果敌方守军力量明显偏弱，进攻方就可发起火力追击（即向撤退的敌人射击），或者直接追击，或者向下一个目标前进。很多情况下，进攻方不会预先制定后续进攻计划，但富有主动性的指挥官通常会抓住扩大战果的机遇。

各国实践

美国

根据美军的基本思路，步兵排在遭到火力攻击后应运用火力与机动战术，继续前进。采用这种战术时，步兵排的一个班会从正面或侧翼投送火力以牵制敌军，其他班则不断寻找掩护并“蛙跳”前进。在此期间，敌军的弱点被找到后，机动分队要攻击这些弱点。各班可以根据形势和地形互换角色，交错支援或前进。

在太平洋战场上，日军的防御阵地异常密集，纵深很深，不仅可以相互支援，而且大都构建在支离破碎的逼仄地区内。美国海军陆战队就是美军中几支最早受到这种严峻考验的部队之一。为攻克日军的碉堡和坑道，美国海军陆战队经常要分散作战，因此其突击分队往往需要具备较强的独立作战能力。在所罗门群岛的早期行动中，由于当地地形特别复杂，美军的支援坦克几乎没有用武之地，甚至轻型坦克也很容易与步兵失去联络，进而被日军步兵在近距离上摧毁。美军很快就吸取了教训，并给每辆坦克配备了一个班的掩护步兵。

在对付日军碉堡和坑道时，爆破装置意义重大。从一开始，美国海军陆战队的每个步兵排就配备了一名爆破士官（这一配置未被其他国家的军队采用），而且这名士官要负责教导该排的所有士兵使用爆破装置。美国海军陆战队还采用过一种特殊的爆破战术，即用较短的延时导火线把炸药包和 60 毫米迫击炮弹或 80 毫米迫击炮弹连在一起，然后将其塞进敌军的坑道内。在 1943 年年末登陆塔拉瓦（Tarawa）期间，美国海军陆战队第 2 师的工兵营组建了若干个 6 人突击组。这些突击组配有火焰喷射器和爆破装置，并配属各个步兵排。在这次战斗中，“巴祖卡”和火焰喷射器还首次与 M4“谢尔曼”中型坦克协同作战。在当地，美军深刻领会了步坦密切协同的绝对必要性，并将这一理念推广到在美国本土训练的部队中。

在太平洋岛屿上，日军的工事经常以两三个地堡为一组，而且每个地堡配有 1 至 3 挺机枪。这些地堡不仅可以相互支援，还得到狙击手和散布在周边散兵坑内的步兵、机枪、掷弹筒等提供的掩护。要进攻其中一个地堡，突击部队就会遭遇日军从多个方向上发起的火力打击。因此，美军必须先肃清地堡外围的掩护阵地。之后，一部分兵力会压制敌人剩余的阵地，一个突击组则在机枪、反坦克炮和迫击炮的支援下用手榴弹和炸药包攻击敌人的主阵地。美国海军陆战队还经常使用

37 毫米反坦克炮去攻击日军的地堡。尽管美国海军陆战队用高爆弹和穿甲弹攻击日军地堡的成功例子有限，但该部队用榴霰弹掀开了这些地堡的伪装，并为后续使其用他武器攻击地堡创造了机会。

在 1944 年年初进攻马绍尔群岛期间，美国海军陆战队为每个团组织了 2 个 20 人的突击分排，让其负责进攻特别顽固的日军阵地。每个突击分排下辖 4 个 5 人分队，每个分队都装备了 BAR、火箭筒和爆破装置，其中的一个分队还下辖 1 个机枪小组，另一个分队有 1 个火焰喷射器小组。1944 年 4 月，美国海军陆战队为每个营装备了大量火焰喷射器和爆破装置，甚至还将这类装备下发到各班。即便如此，当局仍然建议让专业人士来操作这类武器。在佩莱利乌（Peleliu），美国海军陆战队第 1 师的每个营都组建了 1 个 60 人的武器排。每个武器排下辖 3 个喷火分队（每个分队配有 2 具火焰喷射器）、3 个火箭筒分队和 3 个重型爆破分队。这种配置在硫磺岛之战中得到沿用，并在 1945 年 5 月被列为正式编制。根据这一编制，美国海军陆战队的每个营都会组织 1 个 55 人的突击排。该突击排下辖 1 个 10 人的排部和 3 个分排，而这些分排可以分别配属全营的 3 个步兵连。每个分排又下辖 2 个 7 人分队，装备火焰喷射器、火箭筒和爆破装置。在太平洋战区作战的美国陆军也组建了类似的攻坚小组。例如在夸贾林（Kwajalein）之战中，第 7 步兵师从每个连中抽调出 16 人，并对其进行火焰喷射器和爆破训练。之后，这些人被分成若干小组并配属各排。

美国海军陆战队的战术是先投入最多一个连的兵力去压制敌军阵地周边的区域，同时调用一切火力来提供支援。随后，得到一个专业攻坚小组加强的突击排将开展机动，以便朝目标阵地发动进攻。如果地形允许，坦克将充当“矛头”并轰击目标据点，而步兵会跟在坦克后面，以防坦克遭到近距离攻击。除了坦克，美军还使用过搭载 75 毫米炮的半履带车，后来又在冲绳战役中改用 105 毫米 M7 自行榴弹炮。如果敌军反坦克炮数量有限或已被消灭，美军坦克就会从极近距离上向目标阵地开火。在此种情况下，喷火坦克的效果尤其显著。

在压制敌军周边阵地的同时，美军会派遣突击组去接近敌军的主阵地。在此期间，突击组会用步枪、BAR、机枪和枪榴弹猛烈射击守军的射击口，有时还会使用发烟手榴弹来制造烟幕。火焰喷射器射手和火箭筒射手将在 BAR 射手的伴随下尽量接近地堡，以便将其烧成“火炬”或炸成碎片。之后，一名爆破工兵会冲上去，用炸药包把地堡彻底消灭。为防止暴露在敌人的火力之下，火焰喷射器射手有时会在掩蔽物的后面射击，并由一名处于侧翼且不在敌人火力范围之内的观察员提供指引。美军会避免被顽固的敌军拖住脚步，还会尽量从敌军旁边绕过。美军仅仅会攻占阻挡其前进的据点，还会留下警戒人员。这些警戒人员会把敌人残存阵地的情况告知随后赶来的预备队，以便后者扫荡和肃清这些阵地。

在法国，美军最早遭遇的几个挑战之一是诺曼底的树篱地形。这类地形由小块农田、果园和牧场组成，并被许多宽大、高耸的树篱分割开来。树篱的根部牢牢地扎在泥土和最高可达 5 英尺的岩石矮墙中，上面则是茂密的树木。有些树篱之间还有大小道路，路两边有排水沟渠。土地也被树篱分割成方形、矩形、三角形甚至不规则的地块。这些地块有的很小，有的宽达几百码。德军会在树篱上挖掘出火力点和散兵坑。这些阵地伪装良好，极少暴露在外，而且纵横交错，可以互相掩护。这导致美军无法观察到敌方一侧的情况。要接近这些阵地，对下一道树篱或者相邻树篱的敌情全然无知的美军进攻部队只能强行穿过开阔地。

1944 年 7 月 28 日，圣洛（St Lô）附近的诺曼底，美军步兵正在树篱地形中作战，并沿着小路一侧分散开来。这些茂密的树篱内部有土堤，德军也藏身于壕沟中。要在此地行动，这无疑是一场致命的“猫鼠游戏”，即使是短距离突击，机枪、迫击炮和坦克（如有）的火力支援也要精心策划。（美国国家档案馆）

美军通过不断改进战术，找出了克服树篱地形的方法。那就是在坦克的支援下尝试各个击破，同时用迫击炮和火炮对树篱进行压制。美军还为坦克安装了推土犁。这种装备可以在树篱上打开缺口，而且这种方式比工兵爆破更快。一旦树篱被推土犁或炸药打开缺口，一部分坦克将穿过该缺口，并用机枪向敌军来回扫射。一个步兵班或排将从该缺口进入下一片空地，并向远方的树篱开火。同时，随坦克行动的迫击炮观测员也将引导迫击炮进行轰击。接下来，工兵会在树篱上安装炸药，而破障坦克会后撤。待炸药被引爆，坦克就会在步兵的掩护下通过扩大的缺口，向下一道树篱前进。上述过程将循环往复，直到任务全部完成。

在欧洲，美军遭遇的最大挑战发生在1944年10月。当时，美军抵达了德国边境的“齐格菲防线”。这条由大量相互支援的碉堡和反坦克障碍组成的防线不仅极为坚固，还得到野战工事的加强。为此，美军倍感烦恼。但永备筑垒工事要真正发挥其防御效果，不仅需要加强野战工事，还要有能发起反击的机动部队作为后盾。然而，德军此时正好缺乏这样的机动部队。此外，这些碉堡虽然相当坚固，但射界普遍狭窄，而且因其设计都源自战前而无法容纳大型反坦克武器。

为进攻这些碉堡，美军的步兵排组成了突击组，还事先与坦克进行了协同训练（通常按照二三辆坦克支援一个步兵排来训练）。在突击组进入阵地时，美军的火炮和迫击炮会对目标及其邻近碉堡发动地毯式轰击。这些火力无法对碉堡造成较大破坏，但可以压制在碉堡外据守的步兵，并炸掉伪装敌军据点的植被。随后，突击组会用火箭筒、机枪和坦克的车载机枪向碉堡上的射击口持续开火，直到己方喷火兵和爆破人员抵达。在有些情况下，美军只要用火焰喷射器在碉堡外面威胁一番，守军就会望风而降。如若不然，美军的喷火兵就会直接朝碉堡内喷火，爆破人员也会把爆破筒塞进射击孔内或用其抵住碉堡的门。此时，德军要想投降，也为时已晚。美军还调集了155毫米自行火炮，让其在守军轻武器的有效射程外对碉堡进行直射。此外，美军用装甲推土机掩埋碉堡这种战术也给德军造成了巨大恐慌。在很多情况下，只要推土机一出现，德国守军就会直接逃跑或投降。夺取碉堡之后，美军会命令工兵用550磅重的炸药将其炸毁，以防被敌人再次利用。

美军突击行动的另一个特点是在步兵参战前，炮兵（有时还包括海军舰炮）经常会利用其优势进行狂轰滥炸，从而使敌军晕头转向并退出工事。美军还大量

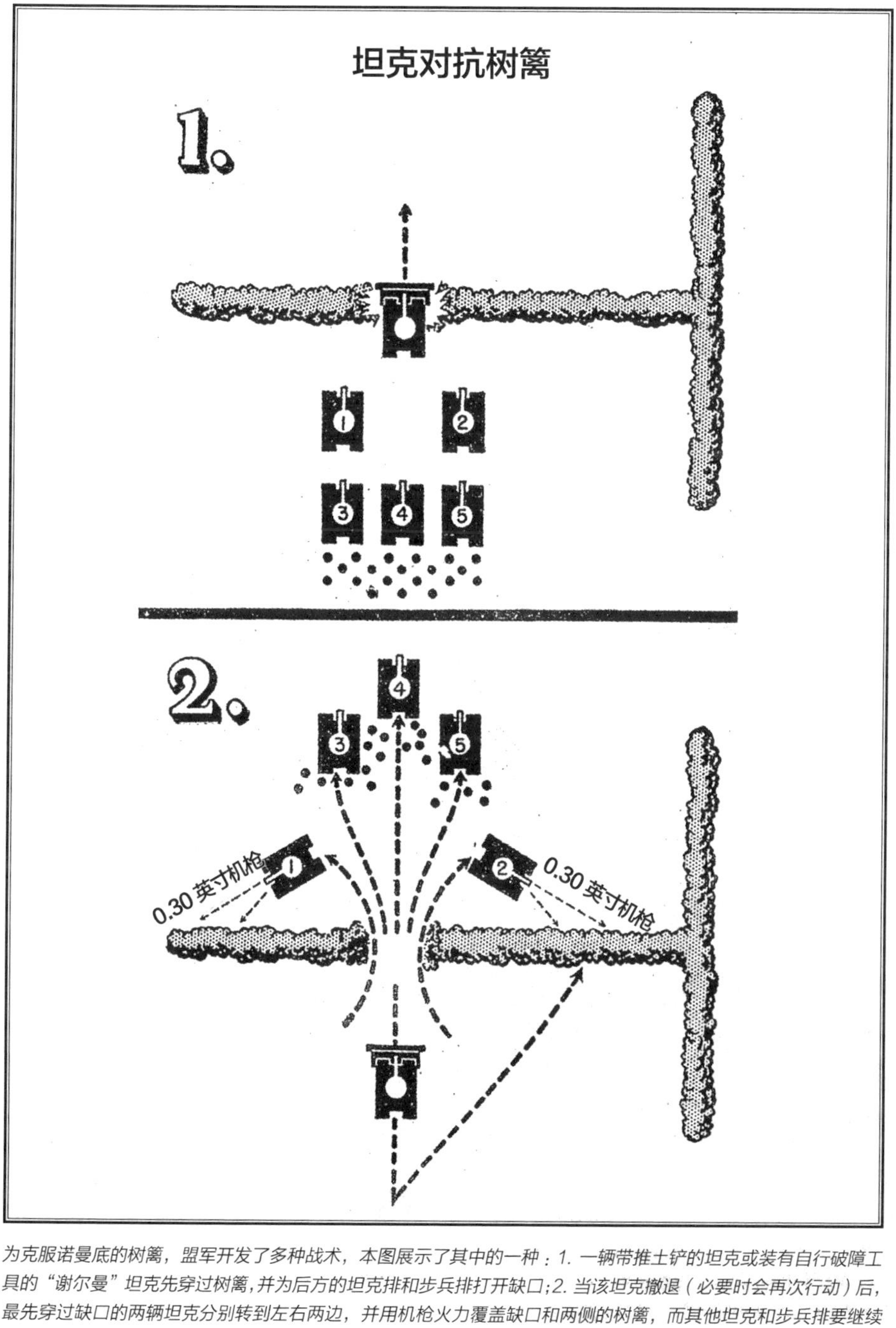

为克服诺曼底的树篱，盟军开发了多种战术，本图展示了其中的一种：1. 一辆带推土铲的坦克或装有自行破障工具的“谢尔曼”坦克先穿过树篱，并为后方的坦克排和步兵排打开缺口；2. 当该坦克撤退（必要时会再次行动）后，最先穿过缺口的两辆坦克分别转到左右两边，并用机枪火力覆盖缺口和两侧的树篱，而其他坦克和步兵排要继续前进，以压制和肃清下一道树篱。

使用坦克、坦克歼击车和自行火炮进行直接瞄准射击。美军还鼓励指挥官在运用武器时打破桎梏，充分发挥想象力。

英联邦国家

二战初期，英军的战术原则是进攻部队要不断运动，还要在此期间避免开火，而且只有在敌军火力过于猛烈时才能寻找掩护；炮兵要进行火力压制，为进攻部队顺利抵达目标创造条件。但事实表明，这一原则太过理想和乐观。很快，英军就采用了“标准战斗规程”（Battle Drill）这套系统，旨在为各级部队确定行动中的必要步骤。从 1941 年开始，英军及英联邦国家军队就一直在完善“标准战斗规程”，并且特别重视小分队的战术和技巧。为应对战场上的混乱，英军甚至会为每名士兵指定具体任务。

1944 年 6 月 26 日，埃普索姆行动（Operation Epsom）期间，在诺曼底的圣芒维厄（St Mauvieu），英军第 15（苏格兰）师皇家苏格兰燧发枪手团第 6 营 B 连第 12 排下属三个班中的一个正在树篱土堤的掩护下准备前进。照片中有 9 名士兵，位于照片中间、布伦机枪手右侧的是班长，其身份可通过下士军衔臂章、斯登冲锋枪和腰间的大砍刀辨认出来。（英国帝国战争博物馆，图片编号 B5959）

在欧洲战场上，英军的步兵排一般会在集结区域与战斗工兵（装备爆破筒和爆破杆，如果情况允许，还会配备 1 至 3 辆坦克）会合。根据“标准战斗规程”，参战的步兵班会被分为 1 个步枪组和 1 个布伦轻机枪组。这两个组将通过交替掩护，运动到敌军阵地侧翼，而且步枪组要进入有利的冲击出发阵地，布伦轻机枪组要占据良好的掩护位置。实战中，突击部队一般由老兵组成，并由排长亲自带领，还会得到工兵的支援。与此同时，被集合在一起的 3 挺布伦轻机枪和 1 门 2 英寸迫击炮（用来发射烟幕弹）将由排士官指挥。在此期间，一名班长会带领少数新兵（或不可靠的士兵）去运送弹药、检查伤员和保护后方。但在时间较长的战斗中，这种编组通常会导致 1 个排大约只有 20 人可用。因此，步兵排在攻击既设阵地时还可采用下列编组：

第 1 班和排部组成火力组；

第 2 班作为切断组，携带 PIAT，并额外配备 4 名工兵；

第 3 班充当碉堡扫荡组。

当采用这种编组的英军步兵排攻击既设阵地时，火力组会先实施猛烈射击。同时，迫击炮会施放烟幕。随后，切断组和工兵前移并与火力组保持一定距离，同时用 PIAT 从侧翼上较远的地方去攻击敌军碉堡。工兵会在铁丝网上安放爆破筒，同时还会投掷烟雾手榴弹，以增加烟雾浓度。一旦铁丝网被破坏，切断组就要快速通过缺口，然后在碉堡周围占据阵地。此时，切断组不仅要杀死碉堡外围的敌军，还要阻止敌方增援。工兵在将爆破筒塞入碉堡上的射击孔之后会与切断组会合。随着爆破筒爆炸，碉堡扫荡组会携带手榴弹和轻武器进入碉堡。如有需要，该组还要用炸药破坏碉堡门。肃清碉堡后，整个步兵排要巩固战果，而工兵会扩大铁丝网的缺口，并在缺口附近做好标记。

渐渐转入防御的德军开始挖掘大量反坦克壕，而这些两侧沟壁近乎垂直的反坦克壕使得英军坦克难以通行。为给坦克开辟道路，英军进攻部队会用炸药炸塌反坦克壕。但最简单的方法是让工兵用鹤嘴锄和铁铲（铁铲前端经过特殊改装，可以根据需要的角度进行弯曲，从而方便使用者从沟壁上刨土）将反坦克壕的沟壁挖开。如果壕沟特别深或泥土特别坚硬，工兵应在两侧沟壁上一半高的地方各放置一串炸药串。这种长 12 英尺的炸药串由多块 25 磅重的炸药以等于或小于 9 英寸的间距组成，而且两端的炸药量都必须是正常炸药量的两倍。设置好炸药串后，工兵应将其掩埋或者用沙袋盖住。如果壕沟的沟壁上有加固护墙，工兵应当用支柱顶住炸药，而且顶点应位于距地面三分之一高的沟壁上。工兵还要用导爆索把所有炸药连起来，以便同时引爆。按照上述方式设置的炸药爆炸之后，沟壁就会向内坍塌，并把壕沟填平一部分，从而制造出一个简易坡道。之后，工兵还要用鹤嘴锄和铁铲修整坡道。即使如此，在从沟底全力向上爬坡时，坦克仍可能因后部扎进泥土里而动弹不得，而这时就需要一些柴捆。这种柴捆最好长 12 英尺，两端直径均为 14 英寸，中间被束紧后直径为 8 英寸。由于后续可能还有坦克通过，部队还必须留下一些柴捆，以便随时修整坡道。

1942 年，澳大利亚军队投入西南太平洋战场，并参加了新几内亚（New Guinea）战役。在当地，澳大利亚军队不仅汲取了日军的很多经验，还将这些经验与 1940 年至 1941 年从北非获得的教训结合了起来。丛林战的特点之一是小部队各自为战，但所有部队必须根据总体计划行事并做到相互呼应，甚至连级进攻也不例外。由于新几内亚植被异常茂密，进攻部队经常难以获得火力支援，整个连或排有时只能得到 2 挺中型机枪的支援。为此，澳大利亚军队使用了一些别出心裁的武器，其中就使用了固定有小型炸药的手榴弹来加强破坏碉堡的能力。这种装置在得到改良后被澳大利亚军队称为“爆炸附件”——1 个被绑在 1 颗“米尔斯”（Mills）卵形手榴弹上且装有 1 磅重的 TNT 或铵梯铝炸药的罐头盒。

苏联

在苏德战争初期，苏军各级少有经验丰富且技能水平高的指挥官。进攻德军据点时，训练不足的苏军步兵（甚至喝醉的步兵）们会一拥而上。他们有时也能冲到德军阵地前，但更多时候会被打倒一大片。经过 1941 年的自杀式冲锋之后，苏军于 1943 年至 1945 年期间学到了很多东西。随着新指挥层日渐成熟，野战经验不断丰富，新式装备持续列装，苏军的规划和作战能力都得到显著提升。

尽管如此，在整个二战期间中，苏军还是经常使用人海战术，并且严重依赖支援武器，尤其是火炮和坦克。在其他国家的军队中，突击部队一般以步兵排为核心。然而，苏军的突击部队都以连为核心，各排只被视为连的组成部分。换言之，苏军

苏联是极少数向特种突击工兵发放防弹衣的国家之一，尽管发放的防弹衣数量十分有限。这张照片近景中的士兵穿的 SN-42 防弹衣厚 2 毫米，重 3.5 千克。值得注意的是，这两名士兵都穿着迷彩外套，而且远景中的士兵还带着 ROKS-2 火焰喷射器。

的排级部队就像西方军队中各排下属的班一样不具备独立从事突击行动的能力。

在常规攻击行动中，苏军 1 个 4 班制步兵排一般会排成一条正面宽约 100 码的散兵线。如果是 3 班制步兵排排成的散兵线，那正面会更窄。所有支援武器都被设置在离最前沿不到 200 码的后方，以便从各排之间的空隙中开火，并且会随着部队推进被不断前移，以确保支援火力持续不断。排长会留在后面指挥支援武器，副排长（相当于西方军队中的排士官）会带领各班进攻。一旦步兵排的部分兵力抵达目标，排长就会和支援武器一起前移。但苏军很快就发现排长必须亲自在前方带领士兵。

当苏军的步兵排在森林中前进时，第一个班会排成散兵线在前方推进，并保持大约 30 码的正面宽度。在后方 20 至 50 码处，另外两个班会排成两列横向间距不到 100 码的纵队，并跟随第一个班前进。如果有第四个班，这个班会负责殿后，而指挥小组就位于该菱形队形的中央。在各班的队列中，机枪位于最前列，而且所有人员都会做好用手榴弹和刺刀展开近战的准备。此外，苏军因装备了大量射程较短的冲锋枪而特别鼓励尽快接近敌人。在能见度受限的森林中，支援武器没有用武之地，只能跟在队伍后面。

当苏军的步兵连要进攻敌军的筑垒阵地时，该连会被分成开路组、突击组和火力组，而另外两个步兵排会跟进。开路组有 10 到 15 人，加强有携带爆破筒、炸药包、探雷器和剪线钳的工兵。该组组员有时会装备防弹背心。突击组有 2 个步兵班和 1 个工兵班（装备炸药包、钢丝钳和一两具火焰喷射器）。火力组有 1 挺或 2 挺重机枪、1 支反坦克枪和 1 个迫击炮排（装备 3 门 50 毫米迫击炮），可能还会装备一两门 76 毫米团属火炮。

苏军指出，必须在进攻前制定周密的计划。计划的内容包括具体路线、进攻目标、进攻时间、执行人员以及火力组的打击目标。开路组在夜间出动后会在己方弹幕的掩护下开辟道路，而巡逻队会负责确定炮火的破坏程度。之后，炮兵将在既定时间再次开火，以便孤立特定的敌军碉堡。突击组在从开路组打开的缺口中通过时会得到火力组提供的近距离火力支援。在工兵用火焰喷射器和炸药包攻击单个碉堡的同时，苏军的自动武器会朝碉堡上的射击口开火。如果敌人的碉堡或据点特别坚固，苏军的支援武器就会加大火力密度，甚至会得到友军的增援。接下来，突击组将包围碉堡，然后破门而入。其他步兵排会与支援武器一起通过缺口以肃清残敌，同时还要准备抵御敌军的反击。由于苏军突击连在进攻德军据点时经常损失惨重,苏军有时会把整个营调往前线,以替换突击连。如果地形允许，反坦克障碍已被突破，敌军的反坦克炮基本被消灭，苏军的坦克和大口径自行火炮此时就会投入突击行动。这些车辆往往会搭载 8 名步兵,即所谓的“坦克骑兵”。

德国

德军的突击战术极具灵活性和主动性。德军很依赖支援武器（尤其是机枪），并将其视为在远距离交战和近距离交战中压制对手的关键。和英军一样，德军也针对小单位行动制定了“标准战斗规程”，并按照规程的步骤事先开展了训练。不过，这种方法实际上是由德军开创的。

德军条令规定部队应当尽量避免暴露。因此，班长和排长必须在掩蔽处进行

德军排属轻机枪（此处为一挺 MG34 机枪）在行动中会被编入掩护部队和突击部队，以便实施火力压制。照片中的轻机枪已离开原先的侧翼阵地，并且随着进攻继续，正在向铁丝网上的新缺口内射击。该轻机枪很快会再次前移，以便与目标进行最后的交火，之后在新阵地上会被用于巩固战果和抵御预想中的反击。（中国香港协和出版社）

观察，他们的下属也必须隐藏自己。班用机枪可以开火，以便为侧翼和正面提供掩护，但大多数步枪兵都应隐藏起来。德军特别强调详细侦察和为突击部队精心选择前进路线，并要求突击部队尽量利用敌人的射击死角和其他掩蔽物。这有助于突击部队在最终攻击中快速行动并实现出其不意。

占据有利地形后，1 个或 2 个班（即被德军称为“Deckungstrupp”的掩护部队）会对敌人的阵地进行火力压制，而其他班将在排长的带领下从侧翼发起机动。这些在侧翼机动的班就是突击部队（Stosstrupp），其规模一般都很小，以尽量减少伤亡。德军有时候还会派遣一支烟雾部队（Nebeltrupp），让其在目标的上风向处部署发烟罐或投放烟幕弹。如果突击部队被敌军火力“钉死”，其他部队就会继续前进，旨在减轻突击部队遭到的火力。如果这些前进部队的侧翼受到威胁，机枪就应朝相应的方向转移火力。同时，轰击目标或其周边阵地的 50 毫米排属迫击炮会随排部一同移动。团属步兵炮、营属重机枪和迫击炮会向邻近的敌军阵地开火以支援进攻。德军还发现 20 毫米高射炮的效果非常出色，所以经常将这种武器投入战斗。攻克目标的部队必须肃清残敌。同时，其他部队应在更远处占据阵地，对敌人发动火力追击，并准备好迎接敌方的反扑。在有些情况下，德军炮兵不仅会为“软化”敌军阵地而开火，还会趁机为突击部队制造藏身的弹坑。

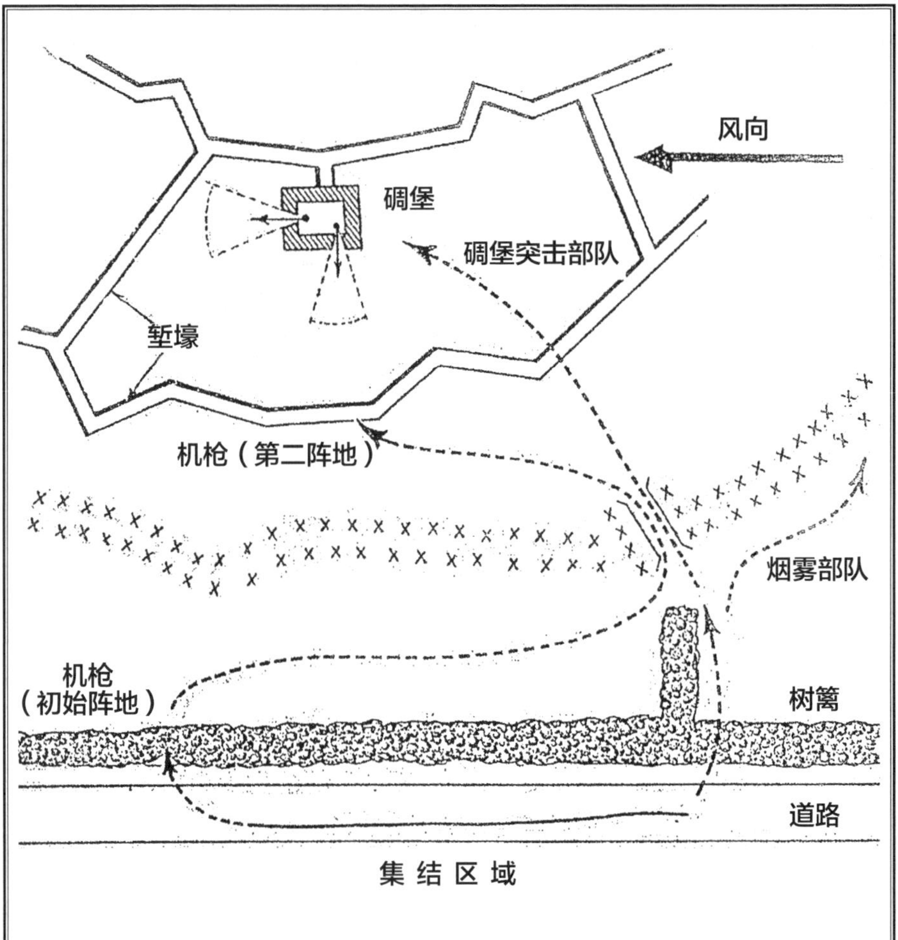

德军的标准战术是当工兵破障分队在切断或炸开铁丝网时，烟雾部队机动至上风处并设置发烟罐，之后可能会突击到目标后方，以便提供火力支援或加入突击部队；突击部队在机枪分队（即掩护部队）的侧翼掩护下穿过铁丝网缺口，并发起进攻。

德军的突击工兵会配备大量手榴弹。有时，每名工兵配备的手榴弹就多达 7 枚。由于各种弹药在突击过程中消耗极大，后续部队应迅速为先头部队提供补给，以帮助其在遭遇反击时巩固阵地。（中国香港协和出版社）

这张照片摘自反映德军工兵班突击训练的组照。在最后阶段，他们突破了带刺铁丝网，并在烟幕弹的掩护下兵分两路以迂回敌军碉堡。照片中，左侧的成员背着 35 型火焰喷射器（*Flammenwerfer 35*）巨大的燃料罐，而其他人身上的一些灰色布块其实是装手榴弹的斜挎包。（中国香港协和出版社）

如果防御阵地和障碍特别棘手，德军会让 1 个突击工兵班配属 1 个步兵排。这个班的大多数工兵都会携带步枪和 4 至 7 枚手榴弹，但班长会配备 1 支冲锋枪，机枪手与火焰喷射器射手都有各自配套的主武器、1 支手枪和少量手榴弹。另外，班长还会携带 2 枚发烟手榴弹和剪线钳。行动时，该突击工兵班将分为烟雾组、铁丝网破坏组、碉堡突击组、火焰喷射器组和机枪组。其中，烟雾组的 2 人总共会携带 4 枚发烟手榴弹和 10 具发烟罐；铁丝网破坏组同样为 2 人，并且会装备剪线钳和 2 具爆破筒；3 人的碉堡突击组会携带 2 具爆破杆或其他爆破装置；2 人组成的火焰喷射器组除了携带主武器，还会携带少量手榴弹；机枪组为 3 人，其携带的手榴弹比火焰喷射器组携带的略多。如果步兵排的机枪负责提供支援，突击工兵班就可以不携带机枪，而且机枪组也将充当预备队并负责运送弹药。

突击行动期间，突击工兵班会担任先锋，并且会得到步兵排的火力支援。机枪要部署在有利位置以压制敌军碉堡的射击口，而烟雾组要赶赴目标上风向的位置。突击工兵班班长要确定在何处破坏铁丝网，还要下达烟幕施放指示。铁丝网破坏组要尽量在敌方的射击盲区剪铁丝网，除非铁丝网特别密集或者布有地雷，否则不得使用爆破筒。铁丝网被剪开后，铁丝网破坏组就会通过缺口，并开始扫荡敌人的外围阵地。接着，碉堡突击组和火焰喷射器组会在烟雾组的掩护下通过缺口。接近碉堡后，火焰喷射器组就要对着碉堡的射击口喷火（根据计算，一罐燃油足以完成该任务）。当火焰喷射器射手发出“最后喷射”的信号时，碉堡突击组会立即将爆破杆塞进射击口，或者用空心装药炸药炸开碉堡的挡板或门。最后，步兵排要清扫碉堡内部，还要肃清周边阵地，而突击工兵班会在离碉堡较远的地方集结，并且准备应对敌人的反击。

战争后期，德军的步兵班装备了 2 挺轻机枪，这给了突击行动更多的灵活余地。此时，德军步兵班在突击行动中就会分成突击组和掩护组。其中，突击组包括 1 个 2 人机枪小组、1 名枪榴弹射手和至多 4 名步枪手（包括班长），而且该组的所有人都会携带至少 4 枚手榴弹；3 人或 4 人组成的掩护组负责用轻机枪阻止敌人运动，而且该组有时还有 1 名精确射手，此人会携带装有 1.5 倍瞄准镜的步枪（精确射手不同于狙击手，而且后者使用的是带 4 倍瞄准镜的狙击枪）。

如果 1944 年至 1945 年德军的一个步兵排要在密林中前进，其中的一个班会排成横队在前方前进，而且这个班装备的 2 挺轻机枪要位于横队的左右两翼，以便形成交叉火力并覆盖整个正面和侧翼。另外两个班要么排成纵队紧随其后（这时两个班都会把各自的 2 挺轻机枪分别安排在前方和后方，以掩护侧翼或后方），要么组成散兵线在左后方和右后方前进。如果遭到攻击，后面的两个班可以迅速上前，或者向两翼展开。如果遭遇强大的敌军，这两个班会向内收缩队形，并与先头班一起构成一个三角形的“刺猬阵地”。在森林中，带三脚架的营属机枪无法发挥射程优势。因此，这些机枪会被下发到步兵排，并在前沿被当作轻机枪使用。

日本

日本陆军行动迅速且富有攻击性，甚至一些小队都会执行大胆的侧翼包抄和包围行动。日军经常在进攻时穿过难以通行的区域，并发起渗透或夜战（各国军队都会在夜间发动进攻，但只有日军把夜战当成一种惯用战术）。不过，日军的攻击战术也有一些重大缺陷，例如缺乏侦察，进攻零散，各进攻分队和支援力量缺乏协调，以及经常发起正面进攻（由于缺乏远程火炮和迫击炮，这些行动与自杀无异）。

在各国军队的步兵排中，日军的步兵小队规模最大。根据官方数字显示，1 个步兵小队有 54 人，装备 3 挺轻机枪（实际配发的数量经常会超出该额定数量）和 3 至 6 具掷弹筒。另外，日军还经常将步兵分队称为“轻机关枪分队”。这也证明了日军对自动武器的依赖。

日军非常重视侧翼包抄，甚至小队一级也是如此。日军的步兵小队实施侧翼包抄时，两个分队会牵制敌方阵地，并用轻机枪、掷弹筒和步枪实施压制。同时，第三个分队会绕到侧翼并发动攻击。日军通常会在极为险恶的地形上发动包抄，还会利用地形隐藏自己，以取得突然性。步兵小队的队长会和主力一同行动，而包抄分队由其分队长带领。

尽管在条令中指出发动正面攻击必须慎重，但日军经常在实战中贸然行事。这是因为日军一直灌输一种思想，即军人可以凭借“武士道”精神抵消对手的物质优势，并通过“猪突猛进”将其击溃。当然，日军也会因为一些地形和对方的部署而被迫从正面进攻。在这种情况下，日军会先进行渗透和试探以找出弱点，再对这些地区发动主攻。进攻时，日军强调突入对手后方，并攻击哨所、炮兵和勤务单位。日军还会在条件允许时投入坦克。值得一提的是，日军坦克执行的任务绝大部分都与支援步兵有关。

如果时间允许，日军会派出 4 至 6 人的小组去仔细侦察前进通道和敌方阵地，还会设置观察哨，以便获得最新形势的报告。这种侦察会在夜间进行，并可能伴以试探性攻击，从而引诱对方开火并暴露阵地。侦察小组会上报敌人阵地的距离和方位、障碍的类型和位置，并用醒目的地物作为参照物。进攻当夜，侦察小组会用白色布条或白纸标出前进通道的位置，并在地形复杂的地点安排向导。该小组可能会在指定时间从附近高地发射彩色信号弹，以便为部队指明方向。后方也可能设置灯光，这样一来，前进部队就可参照灯光来确定所走的路线是否正确。

在接近目标期间，日军会保持绝对安静。日军的所有重武器会被留在后方，直到扫清目标地区后才会被运往前线以抵御敌军的反击，甚至轻机枪也会被安排在步兵分队队伍的最后。突击部队会先尝试渗透，并且尽量不主动挑起战斗，除非遭到敌军射击或已进入敌军阵地。同时，日军经常会在战线的其他地段发动佯攻，用远程火炮和迫击炮轰击对手的后方，以扰乱守军的注意力并遮盖渗透者发出的声响。如果遇到小型障碍，步兵小队会选出几个人去实施破障。如果道路被坚固的障碍或碉堡挡住，1 个 15 人的工兵分队会配属步兵中队，并且会悄悄在障碍或碉堡上设置爆破筒和炸药，直到进攻打响之后才将其引爆。为减小声响，日军还可能人工剪断铁丝网。进攻小队会悄悄地匍匐接近铁丝网缺口，或悄然前进到安全距离内，以便对铁丝网进行爆破。

在炸药被引爆或者“穿过缺口”的命令下达之后，日军仍然会尽量保持安静，而且会尽量使用刺刀去肃清目标。进入对方阵地后，步兵和工兵会对碉堡发起攻击，其他人则在两翼占据阵地，以便应对反击。与此同时，部队的主力会继续向主目标（可能是对方的指挥所、炮兵阵地或者补给站）前进。

***

二战之后，战争发生了很大变化，但当年的步兵突击战术的基本原则至今仍然适用。其中的一条原则就是突击部队的编组方式。和二战时一样，今天的突击部队仍会被分为三部分，即突破分队（或清理分队）、突击分队和掩护分队（或火力分队）。同样重要的还有领导力、规划、协调、技巧和斗志。二战期间，成功运用这些要素的部队攻克了许多坚固的防御据点，而这些要素在今天的攻坚作战中仍然发挥着不可替代的作用。

A. 1940 年至 1941 年，德军工兵突破铁丝网

A. 1940年至1941年，德军工兵突破铁丝网

在这幅图中，德军步兵团下属的“白色工兵”（即步兵部队中的工兵，与之对应的是工兵部队的“黑色工兵”，两种称呼源于各自的兵种色）正在用大型剪线钳破坏铁丝网。在实际作战中，如果不考虑噪声问题，该部队还可使用手斧（每个步兵班一般会配发1把）或工兵铲去破坏固定在桩子上的那部分铁丝网。如果遭遇敌军火力或在铁丝网附近发现地雷，德军会将“3千克钢制爆破筒”（图中的这种炸药有2节）或临时制作的“延伸炸药”塞入铁丝网，并用起爆装置将其引爆。图中的一名工兵还投掷了几枚39B型发烟手榴弹（Nebelhandgranate 39B），以隐藏自身行踪。

B. 1943 年，塔拉瓦，美军装备火焰喷射器的突击组

B. 1943年，塔拉瓦，美军装备火焰喷射器的突击组

鉴于塔拉瓦这个岛屿防守严密，美国海军陆战队第2师的工兵组建了多个突击排。1个突击排下辖3个班，而每个班又被分为3个6人突击组并配属各步兵排。每个突击组包括1名组长（装备卡宾枪）、1名火焰喷射器射手（同时携带手枪）、1名火焰喷射器副射手（同时携带霰弹枪）和3名爆破手（装备步枪）。此外，每个突击组还会配备3辆MC-1942“科尔”手推车（Cole Handcart），以运送装备。这些装备包括2个5加仑的火焰喷射器燃料罐、2个备用的氢气喷射剂储罐、50块0.5磅重的炸药、50块2.25磅重的C2炸药、2具爆破筒、6枚爆破手榴弹、2枚燃烧手榴弹、100支雷管、100英尺长的导爆索和50英尺长的延时导火线。对于在登陆塔拉瓦之前才装备的M1火焰喷射器，美国海军陆战队还不清楚其优势和缺陷，这导致此装备未能在岛上得到有效利用。

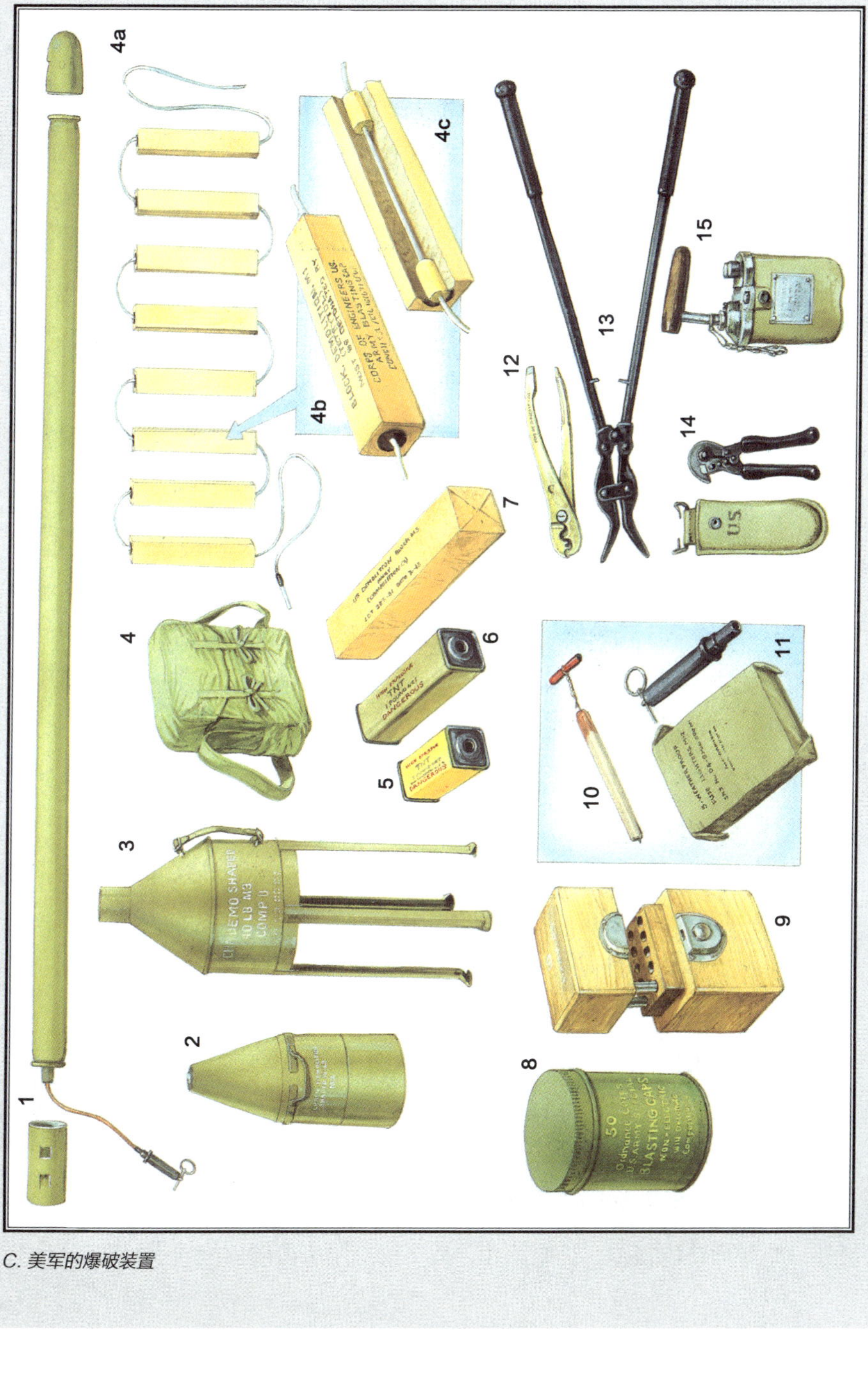

C. 美军的爆破装置

C. 美军的爆破装置

1. M1 爆破筒（长 5 英尺，直径为 2 英寸）、头锥和连接套筒。该爆破筒安装了 1 段延时引信和 1 个 M2 起爆雷管，内部装有 8.5 磅重的阿马托炸药，而且其中的一端有 TNT 传爆药，另一端有雷管插口。1 个箱子可装 10 个这种爆破筒、9 个接头以及配套的头锥套筒。

2. M2 空心装药炸药。这种炸药重 13 磅，长 10.5 英寸，直径为 7 英寸。根据设计，收纳在壳内的支腿在安装炸药时可被抽出来。

3. M3 空心装药炸药重 45 磅，长 15 英寸，直径为 10 英寸。

4. 用 M1 连锁炸药制作的炸药包重 22 磅，尺寸为 4.5 英寸 ×9 英寸 ×12 英寸。包中的 M1 连锁炸药（4a）就是 8 块由导爆索连接起来的特屈儿炸药（4b）；1 块特屈儿炸药重 2.5 磅，尺寸为 2 英寸 ×2 英寸 ×11 英寸。从特屈儿炸药的剖面图（4c）中可以看到，炸药的两端各装有 1 块特屈儿传爆药。如果有需要，使用者只需切断 M1 连锁炸药的导爆索，就可单独取下 1 块特屈儿炸药，但要确保留在这块炸药上的导爆索仍有 8 英寸长。用 M2 连锁炸药制作的炸药包和 M1 连锁炸药制作的炸药包相似，只是炸药块之间没有用导爆索连接。

5. 0.5 磅重的 TNT 炸药是美军广泛使用的战斗爆破装置之一，其尺寸为 1 英寸 ×1 英寸 ×3 英寸。

6. 美军在战争后期配发部队的 1 磅重的 TNT 炸药，其尺寸为 1 英寸 ×1 英寸 ×7 英寸。

7. 由 C2 炸药改进而来的 M3 炸药，其尺寸为 2 英寸 ×2 英寸 ×11 英寸。这种塑性炸药与 M1 连锁炸药一样，也可 8 块为一组装在帆布袋内。

8. 50 支装的非电子击发起爆雷管储存罐。

9. 50 支装的起爆雷管储存盒，通常是暗红色或原木色的。

10. 用于点燃导火线的 M1 摩擦点火器。

11. 用于点燃导火线的 M2 防水点火器，以及可装 10 支该点火器的盒子。

12. 导火线压接钳，长 7 英寸，其下槽口用来剪断安全导火线和导爆索，上槽口用于将起爆雷管和导火线被剪断的一端压紧并连到一起。

13. 24 英寸长的剪线钳。

14. 8 英寸长的 M1938 剪线钳及其收纳包。很多剪线钳都有绝缘手柄，这是为了防止操作人员在剪断电线和电话线而非剪断带电铁丝网时被电击。

15. 10 个插口的电力起爆机，整个设备高 6 英寸。

美军的工兵部队和很多步兵部队会配备爆破工具套件。这种套件一般被装在帆布包或皮革背包内，包括 1 把压接钳、1 把剪线钳、1 把小刀、1 卷胶带和 1 个引信安装托架（用于安放起爆雷管，以便把引信塞进炸药的插口中）。若要使用电子打火的爆炸装置，这就需要 1 个电力起爆机（绰号为“地狱盒子”）、1 卷绝缘导爆索和 1 部用于测试电路的电流计。

D. 英国和苏联的爆破装置

D. 英国和苏联的爆破装置

英国

1. 4 盎司圆柱形塑性炸药，长 4 英寸，直径为 1 英寸。

2. 8 盎司圆柱形 2 号塑性炸药，长 8 英寸，直径为 1.25 英寸。

3. 绰号为“保温瓶”的 73 号 MK Ⅰ反坦克手榴弹，长 11 英寸，直径为 3.5 英寸。

4. 75 号反坦克手榴弹 / 地雷，长 6.5 英寸，直径为 3.7 英寸。

5. 绰号为“干草堆”的 3 号 MK Ⅰ炸药。这种空心装药炸药的尺寸为 6 英寸 ×11.5 英寸 ×17 英寸。

6. 1 号 MK Ⅰ炸药。这种空心装药炸药高 7 英寸，直径为 6.1 英寸。

7. “起爆套件”。该套件包括 1 盎司 MK Ⅱ硝化棉中继起爆具（长 1.25 英寸，顶部直径为 1.35 英寸，底部直径为 1.15 英寸）、1 段与起爆雷管相连的安全导火线，以及 1 根刺入导火线的火柴。

8. MK Ⅰ折叠式剪线钳。

9. 起爆雷管压接钳。

10. MK Ⅰ发电电容引爆器，即英军的电力起爆机。

苏联

11. 75 克重的圆柱形 TNT 炸药，长 70 毫米，直径为 30 毫米。

12. 200 克重的苦味酸块状炸药，尺寸为 25 毫米 ×50 毫米 ×100 毫米。

13. 400 克重的块状 TNT 炸药，尺寸为 50 毫米 ×50 毫米 ×100 毫米。本图还展示了炸药上的第二个雷管插口。

14. 5 千克重的 TNT 成组炸药。

15. PM-1 电力起爆机。该设备的发电手柄可以拆下，而且导爆索连接装置有 1 个小翻盖保护。

16. 剪线钳。

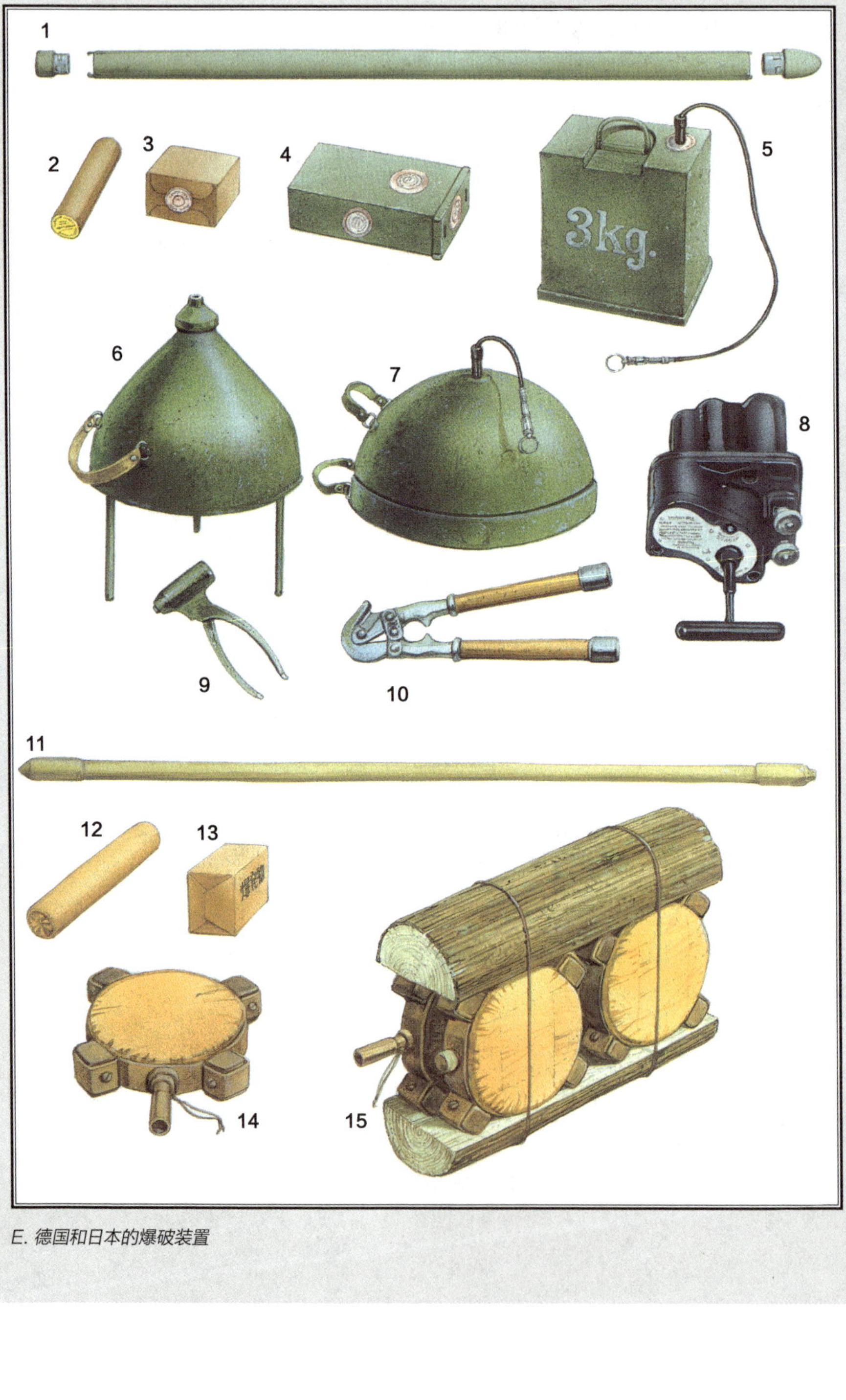

E. 德国和日本的爆破装置

E. 德国和日本的爆破装置

德国

在这幅图中，编号 2 至编号 5 的小图展示的是破坏小型碉堡的爆破装置。值得一提的是，德国国防军会使用缴获的爆破装置，比如缴获的捷克斯洛伐克、波兰、法国、苏联的爆破装置。

1. “3 千克钢制爆破筒”，长 3.6 英尺，直径为 1.9 英寸。

2. 重 100 克的 28 型成孔炸药。

3. 重 200 克的 28 型爆炸装置。

4. 重 1 千克的 24 型盒装炸药。

5. 带起爆装置（雷管、点火器和延时导火线）的 3 千克重的成组炸药。

6. 带支腿的空心装药炸药，重 13.5 千克，高 10.1 英寸，直径为 13.5 英寸。

7. 由两部分组成的空心装药炸药，重 50 千克，高 13.8 英寸，直径为 19.1 英寸。

8. 37 型电子点火器。

9. 新式雷管压接钳（Würgezange nA）。其旧版与美军所用的压接钳类似，并且也被德军广泛使用。

10. 小型剪线钳。

日本

11. 爆破筒，长 46 英寸，直径为 2 英寸。

12. 100 克重的圆柱形炸药，装药可能是 TNT 或苦味酸。

13. 400 克重的块状炸药，装药可能是 TNT 或苦味酸。

14. 九九式破甲爆雷，高 1.5 英寸，直径为 4.75 英寸。

15. 4 枚九九式破甲爆雷被铁丝固定在劈开的圆木之间。除了配备延时 10 秒的震动触发式起爆器，该装置的插口还可插入一段额外的延时引信。

F. 1944 年至 1945 年，英国“鼠洞炸药”

F. 1944 年至 1945 年，英国“鼠洞炸药”

二战期间，各国军队都会临时改装一些爆炸装置。如果改装的爆炸装置取得成功，这种装置就会被官方采用。比如，一名英军士官在意大利战场上发明的、用于摧毁碉堡的“克罗斯鸡尾酒”（Cross Cocktail）就是内装硝化棉炸药并连上手榴弹延时导火线的博福斯 40 毫米高炮炮弹的弹壳。英国国民军发明的“鼠洞炸药”也是一种相当成功的爆炸装置,其衍生产品甚至沿用至今。在 1943 年的奥托纳之战中，这种装置被加拿大军队完善。

“鼠洞炸药”的主体是一个由尺寸为 2 英寸 ×2 英寸或者 1 英寸 ×4 英寸的木材制成的 2 英尺 ×3 英尺的框架。使用这种炸药时，英军会用一块倾斜的木板将其支撑到墙上，然后在框架四角各固定一枚 75 号反坦克地雷或一块 1 磅重的炸药。如果目标墙面特别厚，英军还会在框架中央固定一块炸药。之后，英军会为四角的地雷或炸药安装起爆雷管，并接好导爆索。这些导爆索要接到框架中央，或接到固定在框架中央的那块炸药上，而且该炸药还要连接带延时导火线的“起爆套件”。

使用“鼠洞炸药”的最佳方法是在其导爆索的末端穿一个孔，再将一根大头火柴插入这个孔内，最后在火柴盒上摩擦火柴并将其点燃。由于“鼠洞炸药”威力巨大，引爆时，房间内的人员必须全部撤出。为安全起见，隔壁房间的人员甚至也会撤离。在本图中，英军第 15（苏格兰）师皇家苏格兰团第 8 营的一名士兵正在向在窗前提供掩护的战友发出撤离信号。

“鼠洞炸药”可以在墙面和地板上炸出一个供一人通过的大洞。部队可通过这个洞进入建筑物内，或穿梭于相邻的房间和紧邻的建筑物内。在通过该洞口之前，部队还会向里面投掷一枚手榴弹以确保安全。突击部队应尽可能使用“鼠洞炸药”来开辟撤退道路。这样一来，突击部队就不必冒险穿过被敌军“重点照顾”的建筑物的门窗。

G. 1944 年至 1945 年，美军攻击德军碉堡

G. 1944年至1945年，美军攻击德军碉堡

德军在“齐格菲防线”上修筑的很多碉堡不仅射界有限，而且三面都有盲区。不过，这些碉堡都配有双重重型钢制大门，并且碉堡内的机枪也会掩护大门。

在进攻这种碉堡时，美军的突击组会躲在MG34机枪的射界之外，并用自动武器和“巴祖卡”压制碉堡上的射击口。当突击组制造的烟幕使碉堡内的德军“失明”时，装备M2-2火焰喷射器和2.36英寸口径M9A1火箭筒的小组会趁机接近目标。火焰喷射器和火箭筒虽然无法摧毁有多个房间的碉堡，但仍可迫使守军离开射击口。这样一来，突击组就可向射击口内投掷炸药包。

必须负重且缓慢前进的火焰喷射器射手不仅被敌军痛恨，还容易遭到重点打击。但与好莱坞战争电影呈现的不同，火焰喷射器的燃料储罐很少被子弹引爆。另外，火焰喷射器射手在被俘虏后遭到虐杀的恐怖故事也有不少。

H. 苏军步兵攻击德军双人钢制碉堡

H. 苏军步兵攻击德军双人钢制碉堡

图中的双人钢制碉堡就是德军的“可移动装甲射击工事”（fahrbare Panzerlafette）。这种绰号为“装甲螃蟹”（gepanzerte Krabbe）的碉堡给苏军制造了很多麻烦。一个“可移动装甲射击工事”可容纳 2 人，配有 1 挺 60 度射界的 MG42 机枪。此外，这种碉堡很容易被埋入地下并伪装起来，还能抵御大部分步兵武器。德军经常密集地布置这种碉堡，以便其相互掩护。

图中的苏军步兵在没有坦克或火炮提供近距离支援的情况下，只能硬着头皮对德军的“可移动装甲射击工事”发起强攻。如果覆盖在该碉堡上的泥土已被火炮和迫击炮掀掉，他们就可以用 14.5 毫米口径的反坦克枪去击穿其下部和后部的装甲，但这种情况很少发生。苏军步兵会用步枪去击毁碉堡的潜望镜，从而削弱敌军的观测能力。如果苏军步兵能够躲避碉堡外围的支援火力并接近碉堡，他们还能用泥土堵住碉堡的观察孔。这种碉堡的通风道无法抵御燃烧瓶的攻击，其装甲也很容易被炸药包和反坦克手雷（比如图中的苏制 RPG-40 反坦克手雷和缴获的德制 3 千克空心装药磁性反坦克雷）炸穿。由于该碉堡的后部舱口是向外打开的，苏军可以用石块或木头堵住舱门，从而把敌人困死在里面。在本图中，苏军的冲锋枪手则通过猛烈射击，迫使碉堡内的敌人关闭舱门。接下来，这些苏军步兵就可以在没有敌军抵抗的情况下，用 3 千克空心装药磁性反坦克雷把碉堡变成一座“金属坟墓”。

注释

1　参见鱼鹰出版社出版的《二战步兵班排战术》（精锐系列 105）。

2　有关这些问题的更多讨论，请参见《二战步兵反坦克战术》（精锐系列 124）。

3　各国师属火炮为：美军，105 毫米榴弹炮和 155 毫米榴弹炮；英国和英联邦军队，25 磅（87 毫米）榴弹炮和 5.5 英寸（140 毫米）加农炮；苏军，76 毫米榴弹炮、122 毫米榴弹炮和 152 毫米榴弹炮；德军，10.5 厘米榴弹炮、15 厘米榴弹炮和 10 厘米加农炮；日军，7.5 厘米加农炮和 10 厘米榴弹炮。

推荐读物

Daugherty, Leo J. Ⅲ , *Fighting Techniques of a US Marine 1941–1945* (St Paul, MN; MBI Publishing, 2000).

English, John A., *On Infantry* (New York; Praeger, 1981).

Farrar-Hockley, Anthony, *The Mechanics of War: Infantry Tactics 1939–1945* (Warren, MI; Almark, 1976).

Gawne, Jonathan, *Spearheading D-Day: American Special Units of the Normandy Invasion* (Paris; Histoire & Collections, 1998).

战场通信战术

第二部分

引　　言

军事通信（Military Communications，经常被简称为“Commo”“Comms”“Sigs”，德文为“Nachrichten”）指的是指挥机构和部队之间传递命令、信息和请求所使用的一系列手段。这些手段包括使用无线电、野战电话、电报、电传打字机、烟火信号弹、彩色烟雾信号、信号旗、地空信号板、日光反射信号器、信号灯和信使（人或动物）等。

各国军队的通信部队都会肩负各种任务。除了要承担军事通信任务，通信部队还要开发、维护和修理装备；向其他组织和单位提供通信设备、物资和相关用品；铺设和修理电话线路和电报线路；提供加密和破译服务；分配和管理无线电频率、呼号和密码系统；减少或反制敌方的通信拦截和干扰活动；试图拦截、监控和干扰敌方的通信往来；监控己方通信，杜绝保密漏洞；制定和实施保密措施；操作雷达，进行无线电测向；为飞机建立无线电信标和导航系统并进行相关操作。有些国家的通信部队还要承担其他职责，例如拍摄照片和影片，制作军教片和宣传片，播放广播新闻和娱乐节目，出版报纸和其他信息出版物等。

***

20 世纪 30 年代，无线电等通信技术突飞猛进。到二战前夕，许多研究者甚至认为战术电台已近乎完善，无须再做重大改进。战术电台随即被批量生产，并首次大规模列装战术部队（即团及以下部队）。即便如此，战术电台仍然供不应求，甚至美国陆军也不例外。很多资料都显示，美国陆军拥有大量电台，甚至能援助盟国。但事实是，由于战斗损失和大规模扩军，美国陆军直到 1944 年才勉强在战术电台领域做到供求相抵。

同盟国还致力于改进战术电台，以提高其在野战条件下使用的可靠性和坚固性。不仅如此，这些改进后的战术电台重量更轻，结构更紧凑，更便于运输，通信距离更远，接收效果也更好。与之形成对比的是，轴心国不仅始终缺乏新装备和资源，而且面临着多线消耗的问题。这导致轴心国只能勉强利用现有系统，甚至难以补充其损失的装备。

各级部队都有通信兵。但在有些军队的战术单位中，通信兵未必来自通信部队，而是由其所属部队的步兵、装甲兵或炮兵承担。本书将重点介绍步兵团 / 旅及以下部队的战术通信。

关于通信常见误区的释疑

* 绝大多数战场电台的通信范围非常有限。

* 调幅（Amplitude Modulated，简写为“AM”）和调频（Frequency Modulated，简写为“FM”）无线电不能相互通信。

* 两部电台相互通信时，一次只能一名操作人员讲话，另一名操作人员无法打断。

* 小分队很难监听无线通信和有线通信，更难锁定无线电发射机的位置。就算小分队能从有线通信和无线通信中获得情报，这些情报的价值也往往会因迅速变化的战术形势而转瞬即逝。换言之，除非立刻采取行动，否则这些情报就会失效。

* 特工、海岸观察员、远程侦察机等很难进行远程语音通信，只能使用莫尔斯电码进行远程通信。

* 无线电测向仪（Radio Direction Finder，简写为“RDF”）准确度极低。就算这种仪器能够对信号进行“三角定位”，偏差也可能大到几百米甚至上千米。偏差的大小不仅取决于操作员的熟练程度和设备的准确性，还取决于信号强度、目标距离和大气干扰。

战术通信手段

野战电话

二战期间，各国军队最主要的战术通信手段是使用野战电话（也被称为“有线通信”或“固话”）。野战电话往往非常沉，外观如同箱子，并配有一个带话筒和听筒的握把。大多数野战电话还配有一个小摇把。这个摇把可以产生振铃信号，从而激活对方电话上的响铃或提醒总机。电话上的响铃可以关闭，以保持安静。握把一般由电池供电。讲话时，用户必须按下握把上的通话按钮。大部分野战电话都使用双股电话线。不过，德军的野战电话使用了一种单线接地回线系统，从而极大地节省了材料。该系统包括 1 根单股线和 1 根连在接地钢桩上的短线。但这种系统也有缺点，敌人只需在电话线附近插入两根金属棒，并将金属棒连在自己携带的电话上，就可以轻松窃听通话内容。

1944 年 1 月，东线，德军“大德意志”装甲掷弹兵师的炮兵前进观测员正在使用一部 33 型野战电话（Feldfernsprecher 33）。（比利时希弗通讯社）

野战电话中还有一种声控电话。这种设备重量轻，但因通话距离仅为0.25英里（440码）而只适合在连队内部使用，例如用来联系观察哨，或用于炮兵连内部各个炮位的联络。当对着声控电话说话时，话筒中的膜片会引起线圈振动，并通过导线传输声音，而接收电话中的线圈会通过磁场振动而产生声音。

与无线电相比，野战电话的优势非常明显。这些优势包括通信距离更远，更加可靠，音质相对较好（只要距离不是太远），以及可以通过安装信号放大器来提高远程通信的信号强度。营下属单位可通过营总机与另一支部队的下属单位通话，而且接通只需要几分钟。无线电则不同。采用无线电通信时，发射方必须掌握对方的无线电频率和呼号。改变频率可能需要精确调谐，甚至需要更换天线。通话期间，无线电员将处于“脱网”状态，无法与本单位网络内的其他电台联络。但使用电话通信时，总机接线员可以介入，并提醒一方有紧急呼叫。

野战电话的拦截难度比无线电的拦截难度大。要拦截野战电话，拦截方必须

在一条狭长的堑壕中，德军连部的通信兵正在用野战电话与前哨通话。（斯塔夫卡军事图片研究公司/尼克·科尼什，图片编号WH933）

1944 年冬至 1945 年春，欧洲西北部，一名美国陆军的布线员正在修理被冰雪暴破坏的电话线。为此，他配备了 LC-23 爬杆安全带和 LC-6 爬杆鞋。为了切割和修复电线，这类布线员还会配备简易工具、绝缘胶布和防水橡胶带。

潜入敌境。野战电话也不像无线电一样易受大气和天气的影响。如果民用电话线路基本完好，军方就可以在当地平民的配合下开展窃听。当然，这些线路也可为己所用，但是在此之前，军方必须切断与敌方领土相连的线路。

在铺设电话线时，大部分军队都会采用“从上级单位向下级单位逐级铺设”的做法。实战中，各部队通常还会在右翼铺设电话线，以便与友邻部队建立联络，但这一做法的适用范围不会超过团级部队，例如两个来自不同团的相邻的营不会建立直接电话联络，但会通过团部总机保持间接联络。有人认为此举会影响效率，但实际上，这种安排确保了通信系统的有序和高效。如果上述两个营未经其所在团的协调和批准擅自行动，那就有可能导致危险和混乱。

苏军布线员不顾溪流泛滥，正在布设一条野战电话线。在此期间，他们要避免电话线末端的裸线沾水并短路，之后还要将整条电话线固定在水底，以免其被漂浮的木桩和碎片挂断。近景处的士兵携带的似乎是F-41野战电话。各国军队的布线员都会利用野战电话来检查线路连接和通话情况。在线路较长时，这种检查更是必要的。（斯塔夫卡军事图片研究公司/尼克·科尼什，图片编号A41）

野战电话当然也有其局限性。为建立一套完整的有线通信系统，部队需要耗费大量的时间和电话线。部队不仅要为所有下属单位铺设线路，而且要修建备用线路和横向连接线路，还要进行测试，以确保所有战位都已接通。最重要的是，这些绵延数英里的电话线因经常发生中断而需要持续维护。导致电话线中断的原因包括远程火炮和迫击炮弹的炮击，敌军的渗透人员、巡逻队和敌对平民的破坏，天气（如大风、洪水）的影响，但“罪魁祸首”却是往来穿梭的友军车辆。在太平洋战场上，美军经常用两栖牵引车（Amtracs）在后方运送补给，但这种车辆很容易压坏电话线。渗入后方的敌军巡逻队只要见到电话线，就会随手将其剪断，从而导致大段线路无法使用。这些巡逻队甚至还会伏击电话线维修小组。要在夜间和崎岖的地形中找到断掉的电话线，这是非常困难的，因此部队有时会直接铺设新线路。为防止电话线被车辆碾坏，电话线可以被架设在电线杆上或树上，但

在东线泥泞的道路上，一个德军布线小组正在铺设野战电话线，而领头的士兵手持“架线杆”（Wire Pike），以便将电话线架设到树上。架空的电话线经常被弹片切断，但不像铺设在地面上的电话线那样容易被车辆碾坏。（斯塔夫卡军事图片研究公司 / 尼克·科尼什，图片编号 WH849）

1945 年，美国海军陆战队队员正向冲绳岛上的一段山脊前进。左侧的无线电员手持 M1 卡宾枪，背着一台 SCR-300 电台，而其身后的陆战队员手拿一个上面盘绕着 0.25 英里长的轻型突击电话线的 DR-4 卷线盘。这些人可能来自某个营的营部。（美国科比斯图片社）

是此举不仅极为耗时，还使线缆容易被炮火炸断。为保护电话线，布线员可以将其埋入地下，有时还会用特制的车辆去挖掘布线壕沟（但这种做法通常只在高级总部采用）。沙漠和大片平原（如苏联境内的大草原）往往没有树木，即使有木电线杆，那也是用卡车长途运输来的。比如，美国海军陆战队就曾将数千根电线杆从澳大利亚运到硫磺岛这个不毛之地。

另一个问题是，野战电话需要大量电话线。电话线短缺对德军和日军来说如同家常便饭，甚至还经常困扰西方盟军。在一方快速推进，另一方快速撤退期间，电话线经常被丢下，并最终落入敌手。电话线有多种。前线部队一般会使用突击电话线（Assault Wire）。这种电话线较轻且便于携带和铺设，但较短。后方部队可以使用重型电话线，还有一种可同时传输多路电话和电报的线缆。

野战电话可以根据其工作方式分为两类。其中，“点对点”或“自供电式”电话就是被直接连在一起的两部野战电话，而“共电式”电话是与一台总机（通常位于营级及营级以上部队）相连的多部野战电话。当使用后者通信时，呼叫会在总机上显示，并由接线员接通。团及以下部队一般会使用6路、10路、12路和20路总机。较为优良的总机还配有一体式耳机和话筒（即“接线员包”）。苏军、德军和日军的电话总机，尤其是小型总机，还有一部为接线员额外配备的标准电话。

野战电话最适合在防御中使用，但不太适用于其他场合。在部队向前线开进和调动时，野战电话就无法派上用场。占领新阵地后，部队需要在第一时间建立电话网。进攻时，野战电话并非毫无用武之地，尽管其作用会大打折扣。预备队、支援部队和炮兵部队在前移之前会一直使用电话网，而前进部队会在后方铺设电话线，并向下与各连级单位保持联络。短程巡逻队也经常在前出执行任务时铺设电话线，以便随时汇报情况。

无线电

一战期间，无线电或电台已得到有限运用。但各国对无线电理论的认识一直不足，这导致电台没有像飞机与汽车一样快速发展。最初，无线电主要被用来发送电报。20世纪20年代，无线语音通信开始出现并迅速被普及开来。二战期间，不断得到改进的电台逐渐变得轻巧坚固，并且可由士兵携带或被安装在车辆上。即使如此，此类设备仍有很多严重的缺陷。当时的电台还是很笨重，甚至便携式电台也是如此。有些电台必须被拆成多个部件，而且拆下来的接收机、发射机、电池或手摇发电机、天线和配件往往还要分开携带。此外，电台不仅故障频出，还需要精确调频和校准。由于外壳采用焊接工艺且内部的玻璃真空管容易破碎，电台必须轻拿轻放。

电台有两种。一种是调幅电台，而大多数电台都属于这种电台。这类设备可以进行远程语音通信，而且在使用连续波通信（即莫尔斯电码通信）时，其电波传送距离甚至会更远。调幅电台不依赖电波直线传播（Skip-Wave Transmissions），而是借助大气电离层的电波反射来传输信号。调幅电台载波的振幅会随着传送的声音信号的变化而变化，但频率保持不变。调幅电台不能在移动中操作，而必须

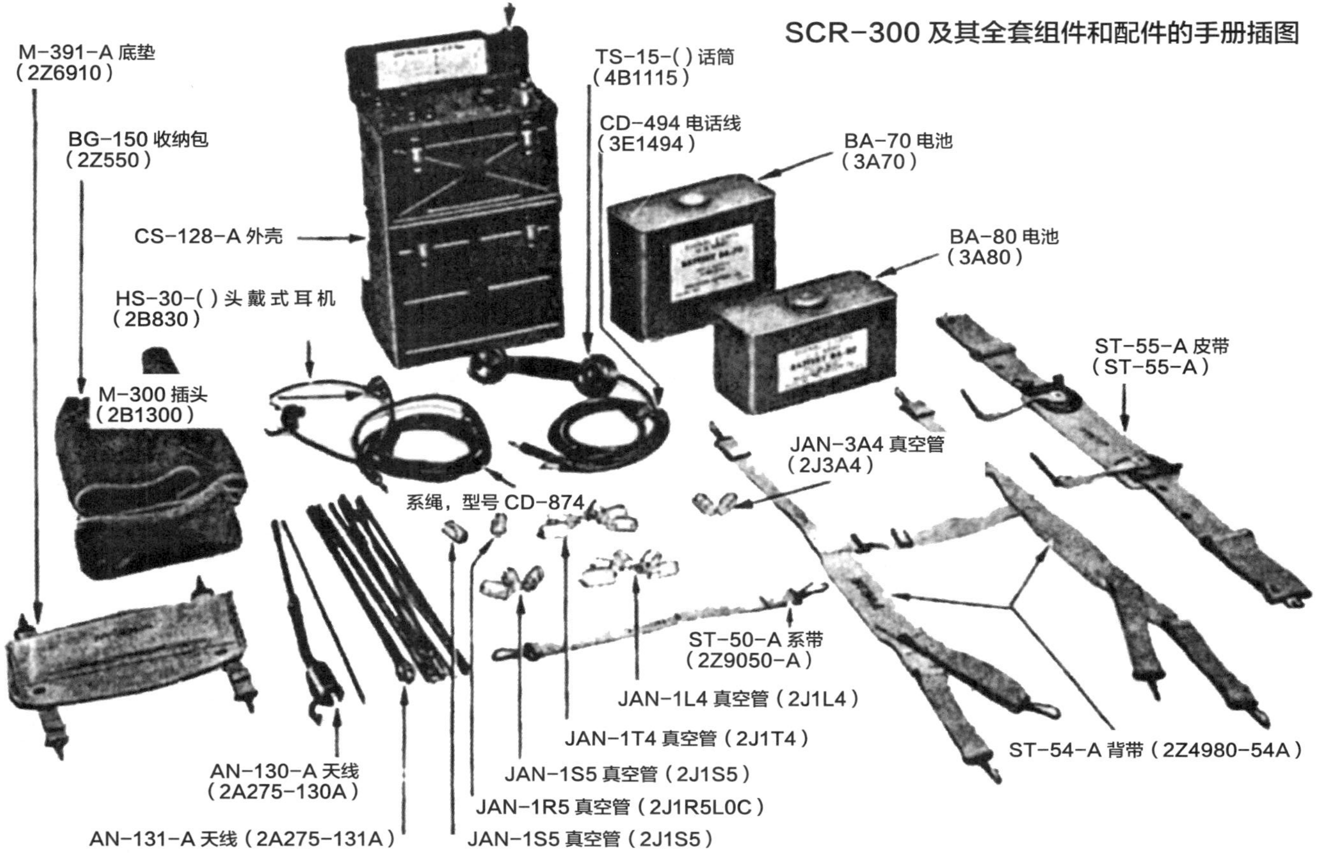

SCR-300 及其全套组件和配件的手册插图

被架设在固定地点并搭建一根指向特定方位的钢索天线。钢索天线的长度还要根据频率进行调整。调幅电台往往配有一块笨重的电池，并且需要操作员不断手摇发电机来持续供电。这些准备和设置工作都非常耗时。语音传输不仅受到距离限制，而且会因大量静电干扰而不够清晰。此外，传送的信息也容易受到其他电台和大气环境的干扰，进而发生丢失。调幅电台不适合在快速移动情境下使用，所以车载调幅电台普遍表现不佳。车上的机械和电气系统（如电池、火花塞、车灯）都会干扰车载调幅电台，即使用了屏蔽手段，都无法减少干扰。不过，调幅电台也有优点，那就是只要微调一下，这种电台就可以收到同一波段的多个信号。因此，操作员就能监听频率与主频相近的其他通话，了解本单位其他无线电网络中的动向。

随着战争进行，另一种电台——调频电台愈发普及。调频电台更小巧轻便，可由单人携带甚至手持（例如步话机）。不过，调频电台只能进行视距内通信。这并非要求两名操作员必须看到对方，但他们需要避开会阻挡信号的山丘或山脊。在调频电台中，载波的瞬时频率会随着调制信号的变化而变化，这有助于减少干扰。当一个频段上有多个信号传输时，调频电台只能接收到最强的信号，其他信号则会被屏蔽。和电影中经常展现的情况不同，调频电台的通信距离非常短。例如，美军的 SCR-300 型步话机的通话距离仅达 3 英里，而且为其提供电力的电池既笨重，又耗电快。调频电台的另一个问题是其可用频率范围有限。各国都开发了更强大的车载调频电台。当车上的电气系统关闭后，这类调频电台的通信距离会增加。

目视信号

目视信号包括彩色信号弹、彩色烟雾、信号旗、地面信号板和信号灯等。使用目视信号通信有缺点，即这类信号不仅能被己方接收者看到，也可能被敌人看到。即使这类信号所代表的意思不会被敌人破译，它也会暴露发送者的位置。不过，在许多情况下，这种风险是可以接受的，甚至是无关紧要的。

烟火：信号弹和烟雾信号

长期以来，各国军队和民间一直都在使用维利手枪（Very Pistol）和其他类似的信号枪，还会使用烟火发射器、抛射器和投射装置。这些装置可以用来发送遇险信号、标记地点和施号发令。二战期间，各国军队经常使用后膛装填式单发信号手枪，也使用可装填式单管信号弹发射器，甚至装备过双管甚至三管的信号弹发射器。[1]

上述装置可在夜间或白天发射彩色信号弹，或在白天发射烟雾信号弹。这些弹药有单发自由落体式、集束式和降落伞式等类型，颜色通常为红色、白色、绿色、琥珀色和蓝色。上述装置还可发射发烟弹，而发烟弹可产生红色、橙色、白色、绿色、黄色、紫色和蓝色的烟雾。发烟弹还会留下烟雾尾迹（如一片或一缕烟雾），以便在标记目标和发出信号时更加醒目，或者配有降落伞来增加滞空时间。当然，并非所有国家的彩色信号弹、烟雾信号弹或发烟弹都使用这些颜色。一般而言，红色和橙色常被用作遇险信号或危险警告的颜色，但也被用于其他目的。例如，德军经常用红色信号弹来警告有敌方坦克存在，用橙色信号弹来标记己方部队的位置。有时，各国军队也会使用多色信号弹。英军经常使用“红白红”或“绿红绿”发光体组合成的信号弹。德军少量使用过的一种特殊的信号弹能发射 3 颗、4 颗或 6 颗红色和绿色的发光体，而且这些发光体可形成六种组合。美军一般使用红色、绿色和琥珀色的对空信号弹，而每种颜色的对空信号弹又分为单发光体和双发光体两类。其中，双发光体的对空信号弹带有红色尾迹。除了使用信号枪和信号弹发射器来发射信号，美军和英军还使用过枪榴弹发射器来发射烟火信号。其中，美军的枪榴弹发射器不仅配有信号弹，还配备带尾翼固定装置的彩色烟雾手榴弹。

烟火可以用来传送各种既定信号。烟火信号通常用来指示发动攻击和夺取某一目标，也用于指示转移、停火和撤退，还可表示或用于：

与敌军交战或敌军正在进攻；

着手或命令发起攻击，或开展其他特定行动；

停止或转移火力（这两种行动可能需要不同的信号）；

重复之前的火力任务，或空袭；

为友军飞机标记己方阵地；

附近有敌方防空火力（警告友军飞机）；

附近有敌方坦克或反装甲武器（警告友军装甲部队）；

友军坦克已投入战斗（警告友军飞机）；

已占领目标或已完成指定行动；

友军巡逻队正在返回；

巡逻队陷入困境；

撤退或脱离接触；

我方阵地遭到误击（暂停射击）；

停火。

烟火信号必须尽量简单，因为其含义过于复杂或者颜色过多会引发混乱。在太平洋参与岛屿战期间，当美国海军陆战队的多个师同时执行任务时，上级就只为每个师的阵地分配了一种烟火信号识别色。此外，部队还必须考虑其他因素，尤其是在使用烟雾信号时，某些颜色（如紫色）的烟雾可能在黄昏或黎明时难以从空中辨认，所以烟雾信号的颜色必须与环境色彩形成反差。例如，森林或草原就不能使用绿色烟雾，雪地不能使用白色烟雾，沙漠或枯草平原不能使用黄色烟雾。

为了混淆盟军的信号和标记，德军和日军经常使用同样颜色的信号弹或烟雾信号。这促使许多士兵学会了通过辨认信号的色调和烟雾的密度来区分双方的信号弹和烟雾信号。在 1942 年奇袭圣纳泽尔（St Nazaire）期间，英军攻击船队在驶入航道前发射了一枚红色身份识别信号弹，试图迷惑德国守军。但这招没起作用，因为德军虽然没有怀疑这枚信号弹的飞行轨迹，但仍发现其颜色与德制型号的颜色略有不同。

机枪等轻武器发射的曳光弹可充当简单信号，并为支援武器标记目标。在夜间某个既定时间，机枪可能会向特定的高地发射曳光弹，以帮助巡逻队保持方向，也可能朝天空笔直射击曳光弹，以便为巡逻队提供位置参考。

烟幕弹和发烟罐

地面部队经常用彩色烟幕弹和发烟罐来向飞机和其他地面部队发出信号，也会用其来标记阵地。有的部队还可能将多种颜色的烟雾组合起来，以求传递更多信息。但为了防止混淆，部队通常一次不会使用超过两种颜色的烟雾。下方表格出自一份盟军情报文件，列出了德军在北非使用发烟罐的规则，而这一规则也被意大利军队采用：

发出的烟雾颜色	传递的信息
橙色	友军部队在此（也表示求救）
橙色与红色	我方遭到孤立 / 切断 / 后方有敌军
橙色与绿色	请求再次攻击
绿色	扩大行动范围——我军正在前进 / 攻击 / 接触
红色	敌军正在攻击 / 渗透 / 突破
红色与绿色	敌军正在我方右侧发起攻击 / 包围
红色与白色	敌人正在我方左翼发起攻击 / 包围
紫色	我军前方有敌军坦克
紫色与红色	我军后方有敌军坦克
紫色与绿色	我军右翼有敌军坦克
紫色与白色	我军左翼有敌军坦克
紫色与橙色	我军坦克开始行动（警告友军飞机）

在其他战场上，德军使用了另一套地面信号规则。在这套规则中，除了橙色烟雾仍然表示友军部队的位置，红色烟雾则代表“小心敌方反坦克武器”，蓝色或紫色烟雾代表“敌方坦克出没”，白色烟雾用于指示敌军（即盟军）目标。

旗语

二战爆发前，旗语系统就已经被使用了几个世纪，并且可分为单旗和双旗两类。此外，各国还使用过信号灯，以及带圆形或方形图案的手持信号板（Paddle）。美军的“摆动”（Wig-Wag）旗语诞生于 19 世纪 50 年代，是以莫尔斯电码的点和破折号为基础的单旗式旗语。这种旗语需要两面边长为 2 英尺的方形旗帜。其中，红底旗帜的中央有一个边长为 8 英寸的白色方块，而白底旗帜的中央是一个同样大小的红色方块。在打这种旗语时，每次只能使用其中的一面旗帜，而且所选的这面旗帜在颜色上必须与地形背景形成反差。双旗式旗语的使用更为广泛。这种旗语是两面旗帜通过指向各种方向来表示特定的字母或数字。各国军队一般在陆地上使用边长为 18 英寸且被对角线分割的蓝白双色方形旗帜，在海上使用类似样式的黄红双色旗或白红双色旗（这两种旗帜有时也会在陆地上使用）。打双旗式旗语时，美军的旗手会同时使用“摆动”旗语的两面旗帜，英军一般会使用一面纯蓝色信号旗和一面蓝白横条相间的信号旗，日军则使用一面红旗加一面白旗。

车辆乘员（如坦克手）使用另一套旗语系统。其中，美军、英军、苏军和德军使用的旗语系统包括了黄、绿、红三种颜色的旗帜（除了这套 M-132 旗语系统，美军还使用一种基于单色旗帜的 M-133 旗语系统，而其中使用的旗帜边长为 19 英寸，颜色为橙色）。这些军队会事先根据旗帜的颜色和挥舞的动作来确定旗语的具体含义，并将其制成旗语对照表。不过，这种通信方式因旗帜过于醒目而很快被废除，并被手臂信号取代。日军装甲部队使用一套由图案各异的红白和蓝白三角旗构成的复杂的旗语系统，旨在传递命令，下达行动指示，甚至表明发令指挥官的级别。

旗语也有缺点。一个单位在看到另一个单位挂出的指挥旗之后可能会去执行这个与其无关的命令。旗帜还会被灰尘、烟雾、雨水等遮挡（在这种情况下，手臂和手势信号更难被看见）。旗语也不能在夜间使用。因此，各国都开发了一套彩色信号灯系统。但这些可视通信手段最大的问题是，所有坦克车长都必须紧盯着队长座车，而这会导致他们忽视对地形、威胁和目标的观察，更没有精力保持队形或向乘员下达指示。

信号布

信号布主要被用于地空识别，如被用来标记位置和表明车辆身份。信号布有两种。一种为正反面颜色截然不同的长条形信号布。使用这种信号布时，多块信号布会被拼接在一起以组成字母，而且与背景环境形成反差的一面要朝上。另一种正方形信号布，其正反面颜色也形成鲜明反差。以这种信号布传递信号时，信号布的一个或多个角要对准中心处折叠，以形成不同图案，而这些图案的含义会预先确定。除了发送指定信号，信号布还可向己方飞机指示部队前线位置。此举一般只会在友军提出要求或做好时间安排后才会实施。如果敌机出现，信号布就要收起来。信号布还可以标记部队的侧翼、防区中心和指挥所。

美军使用的 AP-50 信号布套件包括 2 个各装有 2 块 12 英尺 ×30.5 英寸信号

布的帆布袋，而信号布的正面为红色（陶瓷粉红色）或黄色（浅橙色），背面均为白色。装有信号布的单个帆布袋就是所谓的 AP-30 套件。1944 年下半年，美军开始装备 AL-140 信号布套件，但该套件没有配备帆布包，而是将红色或黄色信号布直接缝在帆布上的。这种套件平时会被卷起来，以便携带。[2] 英军的信号布与美军的相同。德军则将大号万字旗铺在坦克等车辆顶部，以便飞机识别。

另一种使用信号布的方法出现在太平洋战场。在那里，美军各部队为标明沿岛屿海岸推进的情况，经常把信号布挂在树上，以便火力支援舰艇能识别前线位置。1943 年 11 月，在塔拉瓦东南 76 英里处，美军第 5 两栖军下属的一个两栖侦察连通过搭乘潜艇登陆阿帕玛玛环礁（Apamama Atoll），并与日军交战。根据计划，该潜艇将提供火力支援，但由于电台失灵，登陆部队便用彩色信号布来指示其前线位置。

日军不仅习惯使用太阳旗来标记阵地，还使用了一种复杂的系统。使用这种系统标记阵地时，日军会先在阵地的两侧和中央铺上若干白色的长条信号布，使之形成“丁”字，再在白布上铺一些较窄的红色、黑色或蓝色的布条，以使整个“丁”字看上去有白色的轮廓。此外，日军还会以特定的方式在“丁”字周围摆放一两块小的白色三角形布块，以此来表明所属单位。例如，某师团下属的搜索联队会将蓝色窄布条放在白色“丁”字信号布上，还会在“丁”字信号布的下方和横杠右端分别放置一块三角形布块。毫不奇怪，这种过于复杂的系统并不适合实战。

光信号

手持式“阿尔迪斯灯”（Aldis Lamp，又名“闪烁灯”）或手电筒有时也会被用来发送莫尔斯电码。发送信号时，这些设备可通过自身配备的快门系统来实现灯光闪烁，也可由操作者直接开关灯光。还有一种信号灯是美军的 SE-11，而这实际上就是一个安装在轻型三脚架上的 M-277 信号灯装置。各国军队一般会为舰船配备大型信号灯，为岸上部队配备手持式信号灯。德军和日军还装备了非常复杂的三脚架信号灯。

历史悠久的日光信号镜很少被使用，但相当管用。这种光信号装置是一面安装在三脚架上的、装有按键控制装置的小镜子。通过操作按键控制装置，镜子会稍微倾斜并反射阳光。这样，镜子就可通过光闪烁来发射莫尔斯电码。当太阳位

一名英军通信兵正在使用便携式“阿尔迪斯灯”。这种通过闪光发送莫尔斯电码的信号灯还配有一个类似望远镜的瞄准镜，以精确对准远方的接收装置。“阿尔迪斯灯”的一种改进型配有带十字光圈的细长型窥孔照门（Peep Sight）。这种改进型配备的钢制手提箱内有一个大型电池盒，而且平开式箱盖上有一个莫尔斯电码电键。这一改进型还抛弃了传统的手枪式握把，改用一个多节组合式带钉支架——通过支架上的螺纹接口就可连接设备。

于镜面后方时，使用者可利用另一面镜子将光线反射到主镜面上。此举容易被敌方发现，但如果借助地形和植被来掩护镜子，信息遭拦截的概率会非常小。如果设置中继站，这种装置的通信距离可达数百英里，甚至远超战术无线电的通信距离。在理想条件下，经过妥善定位的一部日光信号镜的通信距离一般为 30 至 40 英里。在阴天和夜间，日光信号镜会配合照明灯使用。日光信号镜一直被英国、澳大利亚和苏联运用到了 20 世纪 60 年代。

小分队内部一般会使用手电筒来传递简单的信号，有时还会将其与手臂和手势信号结合起来，而在夜间也会用手电筒来代替车辆对空识别旗。军用手电筒通常带有彩色滤光片。德军的袖珍野战手电筒（Feldtaschenlampe）有蓝、绿、红三种颜色的滑动滤光片。美国陆军最初使用的 TL-122 手电筒没有彩色滤光片，直到 1944 年问世的 TL-122D 手电筒才有红色和蓝色的滤光片。

手臂和手势信号

排长和班长会使用一系列手臂和手势信号向部下发号施令，而下属也会以类似的方式来回应和确认命令。此类信号在徒步部队和乘车（如半履带车和卡车）部队中略有差异。手臂和手势信号可以表达的内容包括：向我集合；指示方向有敌情；向指示方向移动；转入特定运动队形；隐蔽；停止；前进；撤退；我军在此；路线可用；构建掩体；需要弹药；空袭或毒气警报；开火；停火等。有些手势还会借助工具，例如用工兵铲来表示构建掩体，用举起的弹药罐来表示需要弹药，用防毒面具来表示小心毒气。一些当代电影中的士兵经常使用复杂的手势，但这些手势在二战中很少见。事实上，这些手势有的源自现代冲突，有的则是特警部队的产物。

传令兵、传令犬和其他信息传递方式

派遣传令兵（被英国步兵称为“Runner”，被苏军称为“peshii”，被德军称为“Melder”，被日军称为“denrei”）传达命令是一种重要的通信手段。步兵排排部一般配有 1 名或 2 名传令兵，而连部最多会配备 3 名传令兵。当排部有 2 名传令兵时，1 名会留在排长身边，1 名会在该排建立起阵地之后被派往连部，而这也是美军、苏军和德军的标准做法。日军的中队本部（即连部）最多有 8 名传令兵，而其中的几名会被派往各小队（即排）。在英国和英联邦军队中，排长通常只有 1 名传令兵，但有时还会配备 1 名负责与各班联络的传令兵；连部则配有 3 名传令兵。

排级部队内部的联络通常不会用到传令兵，而是通过呼喊和使用手臂和手势信号来完成的，但排与连部的信息传递则需要传令兵。在理想情况下，排的传令兵只会为本排服务，但如有需要，他们就会被派往其他单位。在人员损失时，传令兵可能会充当步枪手并由其他人接替其工作。但接替者绝非等闲之辈，他必须思维敏捷且办事可靠。由于没有地图，传令兵必须根据地形辨别方向，找到路线，而且还要有无视艰险并尽快抵达目的地的决心。不过，传令兵的活动区域往往不大。防御时，连的正面宽度通常不超过 150 码，而在进攻时，其正面宽度会更窄。此外，连指挥所有时位于前线，有时位于连阵地中央略靠后的地方。因此，传令兵的行进范围通常不会超过半个足球场。在有些情况下，尤其是在出现缺口时，各排会派出传令兵，以便与友邻排协调。

传令兵在收到口头信息后会大声复述该信息，以便将其牢记在心。如果他还未完全了解该信息的细节，他可以提问。毕竟，有些太过年轻的排长因在战斗中过于激动而无法准确交代信息。口头信息必须言简意赅，通常只有一两句。如果接收的口头信息涉及数字（如网格坐标、弹药请求和时间），传令兵必须将其简明扼要地记录在纸上，比如记事本、信息表甚至硬纸板的口粮盒上。纸上的墨水字迹会被水和汗破坏，传令兵发现用铅笔记录最好。传令兵还可能传递的纸质物品包括地图透明叠片（描图纸）、标注信息的草图、地形草图、部队火力计划书、障碍计划草图和预定巡逻路线图。传令兵要独自查明方向，确定地标，还要选择隐蔽路线。传令兵经常要独自奔向后方或从后方接近前线，因此很容易吸引火力，甚至遭遇敌军的全力拦截。传令兵要留意途中任何有价值的信息，并在抵达目的地后将其一并报告给指挥官或通信中心。之后，他还要询问上级有无回复，并在得到确认、回复或其他意见后返回。返回前，他可能还要为所在排领取弹药等物品。一旦回到排部，他会向排长报到，并报告任何有用的信息和情报。

连营之间的通信主要通过电话完成，有时也会使用无线电。不过，当部队快速运动时，电话线可能被切断，电台可能发生故障。这时，连营就不得不使用传令兵。此举更为耗时且传输距离也更长。不过，由于大部分路程都在后方，传令兵通常不用担心安全问题，而且即使迷了路，他也可以求助后方人员。日军有时

在德军第3军的一场战前演习中，一名骑自行车的传令兵正在向营部野战电台传递消息。在有些类型的部队中，传令兵可能使用摩托车或马匹。由于照片的拍摄角度，电台的具体型号无法确定，但从设备上升起的长杆天线、连接在电台上的两部耳机、手持麦克风以及旁边的电池盒仍然可见。为避免出错，德军有时会让两个人同时转录加密信息。照片中，近处的士兵在其左袖的二等兵“V”形军衔臂章上方有一个白色闪电图案的通信人员徽章。（美国贝特曼档案馆/美国科比斯图片社）

会派遣长途传令兵。这些传令兵会通过徒步或骑自行车去传递信息，而且会在中转站进行“接力”。德军为营及营以上单位的传令兵提供了自行车或摩托车，还在战争初期为其提供过马匹。摩托车有其局限性。在泥地、沙地和雪地上，在密林和极度崎岖的地形中，摩托车几乎毫无用处。在东线，当积雪很深时，交战双方为传令兵配备过滑雪板。

在各国更高级别的部队中，机动传令兵通常配备摩托车。但在战争后期，美军更倾向于使用 0.25 吨级多用途卡车（即吉普车）。这是因为美军发现这种车辆不仅更容易上手，而且在泥地和雪地中拥有更强的机动性。英军的机动传令兵也使用摩托车或吉普车。在信息传递速度上，传令兵不如电话和电台。但在很多领域，尤其是在传送冗长的作战命令、配套的作战文件、后勤文件、地图、地图透明叠片、密钥等物品时，传令兵仍是不可替代的。此外，传递的信息内容也千差万别，可能涵盖任何领域，包括:确认应到达的地点;确认需要完成的行动或任务;转达情报信息或报告战术形势变化;报告敌方的位置、武器或活动;请求火力支援、增援、弹药、物资和口粮等。

各国军队还有传令犬，但很少使用，而且大多是在战争初期使用的。传令犬需要进行大量训练，而且一旦死亡、受伤或生病，又很难有合格的替补犬只。传令犬和人类一样难以承受恶劣的气候，而且极易生病。一条军犬要成为合格的传令犬，需要配备两名驯犬员。训练时，两名驯犬员会分别站在任务路线的起点和终点，并让军犬在两点间来回奔跑。这个三者参与的训练相当漫长。此外，军犬通常只听驯犬员的话，其他人无法对它发号施令。如果驯犬员阵亡，这条军犬也就成为“摆设”，有时还会被杀掉。不过在中等距离上传递信息时，传令犬确实比人跑得更快，而且更容易穿越密林、山地和小型水障。美国海军陆战队从 1943 年 11 月开始经常使用传令犬，并组建了军犬排。每个军犬排都有 18 只侦察犬和 18 只传令犬，而且这些侦察犬共配有 18 名训导员，传令犬共配备 36 名训导员。这样一来，每个师的 9 个步兵营就可各获得 2 只侦察犬和 2 只传令犬，而驯犬员会在师下辖的 3 个团的团部就位。美军认为混种狗（Mongrel）最适合执行传令任务，但有时也会用德国牧羊犬和杜宾犬来传达信息。传令犬佩戴的项圈上有用来装情报的急救袋,但有些军队为传令犬配备的是更为精致的“鞍袋”。二战期间，各国军队还偶尔使用信鸽，但信鸽在一战时被用得更多。

信息也可通过空投来传递。采用这种方式时，信息会被装在一个带旋盖且一头有配重的小筒内。这种小筒挂有红色或橙色的布条，但德军用的小筒配的是橙色烟雾发生装置。美军的信息空投容器是小的帆布袋。这种帆布袋配有一条18英寸长的红色布飘带，袋子的底部隔层装满了沙子，而容纳信息的上部有暗扣固定。这些容器均由侦察机和联络机投放。这些飞机可能有电台，但无法与地面部队联网。即使能够联网，飞行员也通常不知道地面部队的频率和呼号。在紧急时刻，飞行员会将信息装进口粮罐、手榴弹容器或弹药罐中，或者干脆将其塞进手套里或包在手帕里，然后再放几颗手枪子弹作为配重。

纸质文件也可由轻型飞机直接从战场上取走。为此，地面部队需要设置两根长10至12英尺不等的直杆。两根直杆应相距15至20英尺，连接二者的绳子中间要挂一个绳圈，而信息袋（有时用袜子代替）就系在这个绳圈的底部。直杆必须设置在适合飞机迎风飞行的地方，以确保有足够的进场距离且中间没有障碍阻挡。获取文件时，飞行员会进行低空飞行，并从驾驶舱中抛出一根带轻型抓钩的绳索。当抓钩钩住挂信息袋的绳圈后，飞行员就会徒手将其拉进飞机。

声音信号

除了大吼大叫，各国军队在战场上很少使用声音通信手段。战争初期，不少排级士官和军官经常会携带哨子，但随着战争持续，这些物件很快就遭到淘汰。事实上，大多数人都认为哨子更适合在操场上而非在战场上使用。有些军队也使用过便携式警报器、哨子、车辆喇叭、军号、锣（或悬挂的炮弹壳和铁管）和步枪枪声来传递特定的信号或者发出警告，尤其是在遭到空袭和毒气袭击时。在发出毒气袭击警告时，有的军队还会使用响板式警报器（Rattle Alarm）。

各国部队通信设备

美国

美国陆军率先使用了调频战术电台，但也装备了不少调幅电台。二战初期，美国陆军的小型单位一般只有 2 部调幅电台可用，而且经常不够用。

SCR-195 是美国陆军最早的单兵背负式调幅电台。这种电台于 1939 年生产，能够在运动中操作，主要装备连级和营级部队。SCR-195 的频率覆盖范围为 53 兆赫至 66 兆赫，通信距离仅为 2 英里，而且电池寿命短。SCR-194 为 SCR-195 的炮兵版，其频率覆盖范围为 27 兆赫至 65 兆赫。两种电台不能联网，无法交叉通信，这在当时是一种常见的缺陷。SCR-195 和 SCR-194 在频率覆盖范围上有重叠，但由于这些电台的可用频率数量都不多，而且其重叠的频率有的还被分配给了其他单位，这两种电台仍然很难相互通信。

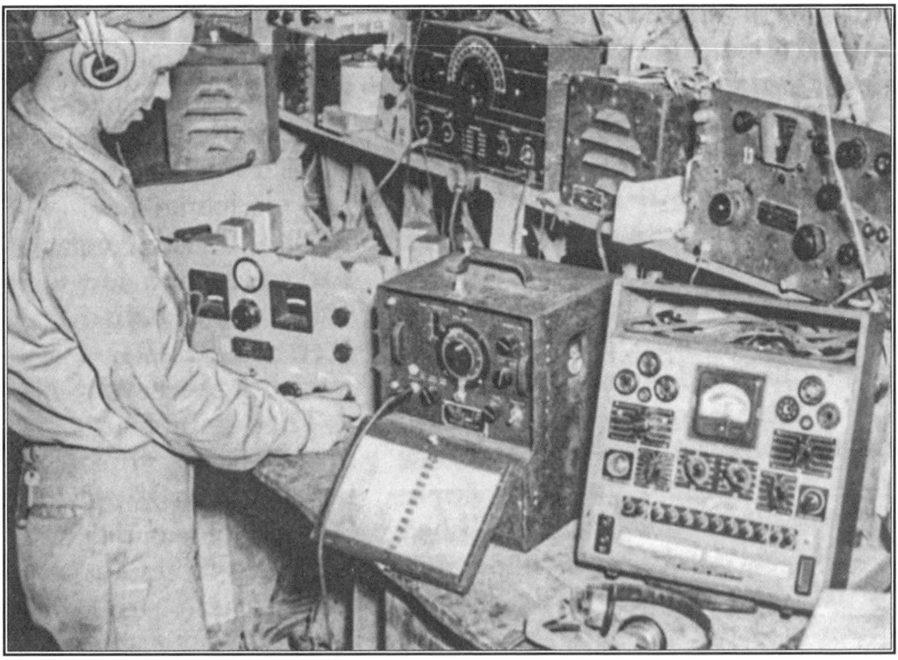

20 世纪 40 年代，维修工作对通信部队可谓家常便饭。即使是美国陆军，其通信部队也经常没有多余的电台可用。这些相当脆弱且技术不成熟的设备经常被送回修理车间。

1940 年，一种新型电台列装美军骑兵部队。这就是俗称“弹簧高跷电台”（Pogo Stick Radio）或“旗杆电台”（Guidon Radio）的 SCR-511。这种外形别具一格的调幅电台包括 1 个装有收发器的小盒子、1 根位于盒子底部的短金属杆和 1 根从盒子顶部伸出来的天线。其中，短金属杆没有任何通信功能，纯粹是一个固定装置。当这根短金属杆被插在马鞍脚镫的骑兵军旗基座上时，无线电员就可以像握旗杆一样牢牢地握住电台的天线。SCR-511 的话筒和电池都装在一个小型装置中，而该装置会被挂在无线电员的胸前，并配有耳机。整套设备还配有 1 个外置电源，以连接寿命更长的电池。随着传统骑兵逐渐被淘汰，这种特殊的电台也就被步兵用起来。通常，每个步兵排配备 1 台 SCR-511，而连部配备 2 台。但 SCR-511 电台重达 20 磅且灵活性不佳，因而并不受部队欢迎。为了在操作时将 SCR-511 安放在地面上，有些人拆除了其底部的金属杆。SCR-511 的频率范围有限，只有 2 兆赫至 6 兆赫，但其通话距离可达 5 英里，这在当时相当罕见。

二战中最成功的几种电台之一是于 1943 年 7 月在西西里岛首次投入实战的 SCR-300。这种电台由摩托罗拉（Motorola）公司设计，是美国陆军装备的第一款便携式调频电台。这种可以随身携带、接收信号相对清晰且可靠性高的设备也被人们称为“步话机”（Walkie-Talkie）。[3] 为了将其用于高温、潮湿以及充满真菌和盐雾的太平洋地区，SCR-300 还是第一款“热带化”战术电台。电台全重 38 磅，但通信范围只有 3 英里。在美国陆军中，SCR-300 和 SCR-511 按相同比例分配，被用于连营之间的联络。SCR-300 的缺点是无法让步兵与提供支援的坦克兵通话。1944 年年末，美军开发了 SCR-300 的坦克搭载版本，即 AN/VRC-3。这种电台主要供坦克排排长使用，其频率覆盖范围和 SCR-300 的一样，都是 40 兆赫至 48 兆赫。

美军于 1942 年推出的 SCR-536 堪称二战标志性电台。这种全重 6 磅、绰号为“手持对讲机”（Handie-Talkie）的电台由摩托罗拉公司设计。SCR-536 最初是为伞兵开发的，但后来被步兵部队大量装备。此外，美军将 SCR-536 的使用描述为“权宜之计”，但到二战结束之前，美军一直都在使用这种台电。SCR-536 只能使用一个预设的频道，没有备用频道，其频率覆盖范围为 3.5 兆赫至 6 兆赫。SCR-536 的耳机、麦克风与电台完全融为一体，而且设备的开启和关闭只需拉出和收起天线（全长 39 英寸）。不过，SCR-536 是调幅电台，不能与 SCR-300 联

1945年，冲绳，一名美国海军陆战队无线电员正在使用SCR-300发送信号，而其所在的营部正好位于一座山坡旁的传统陵墓前。值得注意的是，照片中靠左的电台上有一个用来装分段式天线组件的帆布袋，而电话线就从左前方的罐子之间穿过。(《生活》杂志记者埃尔曼/时代生活图片社/盖蒂图片社)

在意大利，美军第 88 步兵师的一名士兵正将左手按在一台 SCR-536 的通话开关上并对着电台讲话。该电台只需拉出天线即可开启，收回天线即可关闭。电台上那个像手指一样的突起是防水帽。防水帽在电台不使用时要拧在收起的天线上方，而当天线伸出时就要固定在电台顶部的插头上。（玛格丽特 • 博尔克 – 怀特 / 时代生活图片社 / 盖蒂图片社）

网，只能与另一台 SCR-536 通话。更糟糕的是，其通话距离在 0.019 至 1 英里之间。因此，SCR-536 严格来说是一种连内部的通信电台，仅适用于排长和连指挥所相互通话。在一些电影中，美军经常用“手持对讲机”呼叫舰艇和地面炮兵火力，还用它来与高级总部甚至数英里外的友军通话，但这些桥段纯属子虚乌有。

1944 年春，在英国为奥马哈海滩（Omaha Beach）登陆进行模拟演习期间，美国海军第 7 海滩营的成员正在建造通信站，其设备可谓新旧混杂。照片中，右侧单膝跪地的士兵手持一部 SCR-536 电台，中央的三脚架上有一盏便携式闪光灯，左侧的站立者手持一面信号旗。海滩营负责指挥和支援登陆艇作业，即管理部队、装备和补给的滩头运输。（世界图片库 / 盖蒂图片社）

美国陆军的SCR-284便携型电台由三个重型部件组成，而其中的GN-58A手摇发电机最为关键。在太平洋战区和中缅印战区，这种设备通常由美军雇佣的当地人操作。该电台配有电池，但这些电池太沉，而且使用寿命有限。照片中的操作员正在发送莫尔斯电码，收发机的顶部有一个通话时使用的盒式扬声器。

SCR-284是一种重型调幅电台，配有短杆天线或钢索天线，一般用于营团之间的通信。这种电台有两个型号，一是由三个各重55磅的单兵背负式套件（包括发电机和配件）组成的便携型，二是可由吉普车搭载的车载型。便携型的接收机和发射机分别由电池和手摇发电机供电，车载型则完全依靠车载电池系统供电。使用便携型时，整台设备需要安装在伸缩式支架上，而且无法在移动状态下操作。为进一步提高其便携性，有些部队会将该设备固定在担架上。尽管如此，操作者也不得不在使用电台前停止行进，以便安装天线和发电机。SCR-284可进行语音通信，也可发送莫尔斯电码，其频率覆盖范围为3.8兆赫至5.8兆赫。SCR-284于1942年11月在北非首次投入实战，于1945年开始被SCR-694取代，但后者因数量有限而未列装多少部队。SCR-694虽然在功能上与其前身类似，但更加可靠。这种电台重191磅，频率范围为3.8兆赫至6.5兆赫，而且其语音和莫尔斯电码的通信距离与SCR-284的一样，分别为15英里和30英里。

1945 年，菲律宾民都洛（Mindoro）岛，一个操作 SCR-284 的美军指挥所。SCR-284 是一种调幅电台，主要用于营和团之间的通信。这座高脚屋可为电台遮风挡雨，还能使其躲过日军的战斗机。（拱顶石图像公司 / 盖蒂图片社）

SCR-609 是一种调频电台，其频率范围为 27 兆赫至 38.9 兆赫。这种电台可由单人搬运，但无法背负携带，主要供炮兵观测员使用。1942 年，SCR-609 取代了 SCR-194 单兵背负式电台。

美军的标准野战电话是重 9.5 磅的 EE-8。这种野战电话坚固可靠，被美军从二战前一直用到了 20 世纪 80 年代。EE-8 由 2 节 1 号电池（被美国陆军称为“BA-30 电池”）供电，并且在使用标准野战电话线时，其通话距离为 11 至 17 英里。美军还装备了重 3 磅的 TS-10 声控电话。这种电话就是一个接了一根电话线的带话筒和听筒的握把，而电话线末端的夹子可使其接入野战电话线。美军常用的野战电话总机有 BD-71 和 BD-72 两类。其中，前者可连接 6 条线路，全重 48 磅，主要装备营级单位；后者可连接 12 条线路，全重 72 磅，主要装备团级单位。1945 年，美军还配发了 SB-18/GT 应急电话总机。这种设备可连接 6 条线路，全重 5 磅，适

在一次战前演习中，美国陆军的一部 BD-71 野战电话总机已被架设好并投入运转，而这种可同时连接 6 条线路的设备主要被营级单位使用。地面上还有一个最多可盘绕 1.25 英里长的线缆的 DR-4 卷线盘。

合在战线快速变化的地区使用。美军装备的 TG-5 电报机轻巧便携，并且可与野战电话线连接以进行远程传输。

美国海军陆战队最初不信任无线电，不愿将其运用在营以下的部队。导致这种不信任的原因不难理解，一是当时的电台问题众多，二是太平洋岛屿上的山地密林会使电台的通信距离缩短 30% 至 60%，三是太平洋地区炎热潮湿的环境会缩短电池的寿命，电台频率会因设备腐蚀和水汽干扰而改变，真空管也会因高温而过早被烧毁。所以，美国海军陆战队就主要依靠传令兵和有线电话来传递信息。MCT-1 声控紧急电话是美国海军陆战队的主要装备之一，美国陆军的标准野战电话 EE-8 后来也列装该部队。这些电话与营及以上部队的 BD-71 和 BD-72 野战电话总机连接，就能组成一张复杂的有线通信网络。

1944 年，菲律宾莱特岛，在第 32 步兵师的某个团指挥所内，一名美军电话总机接线员正值守在两台 BD-72 野战电话总机前。该型总机可以连接 12 条线路，而照片中的总机连接着该团各营、支援单位和支援炮兵的电话。（美国科比斯图片社）

1944年，关岛欧洛特半岛（Orote Peninsula，Guam），美国海军陆战队第1临时旅（第6海军陆战师的前身）的一名连长正在与下属排排长通信。根据规定，连长、副执行官、武器排排长和三个步兵排排长都配有一部SCR-536，而且这些“手持对讲机”会在同一网络上运行。（尤金·史密斯/时代生活图片社/盖蒂图片社）

美国海军陆战队最初使用海军设计的电台，但从 1944 年开始使用更坚固可靠的陆军型号。美国海军的 TBY-1 和 TBY-2“超便携”电台都是单兵背负式电台，均为 37 磅重，而且都能进行视距内语音通信和莫尔斯电码通信。这些电台被配发给连级部队，但营级部队有 6 部，团级部队也有若干部，以便这些部队与其下属单位进行短程语音通信。其他营级和团级电台包括 TBX-1 至 TBX-6 系列电台。这些电台虽然都可由人员搬运，但无法在行军途中操作。一台 TBX 电台需要三个人搬运，他们要分别携带 29 磅重的发射机 - 接收机、31 磅重的附件箱（包括接收机电池）、22 磅重的手摇发电机（用于为发射机供电）以及钢索天线。TBX 系列电台虽然支持语音通信，但通常只用来发送莫尔斯电码，而且其安装、发送信息和拆卸至少需要 15 分钟。美国海军陆战队主要抱怨 TBX 防水性不佳。尽管有人在 1943 年年末建议改用陆军的 SCR-284，但 TBX 系列电台仍被用到 1944 年年末。

1943 年年底，美国海军陆战队的排长开始配备 MU 电台，而连部的电台也增加到多部。这种由电池供电的轻型电台平时被装在一个带背带的帆布箱里，可由单兵携带。不过，MU 电台不仅因频率范围有限而无法与连级的 TBY 电台通话，而且耐用性差，尤其是其电池寿命太短。因此在 1944 年中期之后，美国海军陆战队又为连、排配备了大量 SCR-300 和 SCR-536 两种陆军使用的电台。

美军通信设备命名规则

美军从 1909 年开始使用“SC”（“Set，Complete”的缩写，意即“成套装置”）作为无线电设备的编号前缀。这一编号系统只包含 SCM（“Set，Complete，Meteorological”的缩写，意即“气象成套装置”）、SCR（“Set，Complete，Radio”的缩写，意即“无线电成套装置”）和 SCS（“Set，Complete，System”的缩写，意即“系统成套装置”）三个编号。其中，采用 SCS 编号的设备往往由一系列编号为 SCR 的设备的部件组成。

很多人都认为“SCR”的全称是“Signal Corps Radio”（通信部队无

线电）。这一误解被广泛流传，以至于到了 1941 年，官方也将错就错。随着新的电子设备不断被开发出来，电台以外的其他设备（如雷达和探雷器）也开始使用 SCR 编号。从技术上讲，这些设备都是无线电收发装置，采用这一编号系统无可厚非。此外，众多设备使用该编号系统，这也为雷达等特种设备的开发提供了掩护，尽管造成了一些不便。

美军通信设备的部件和附件采用的两位字母代号也多得令人眼花缭乱，例如天线的代号为 AT，电池的代号为 BA，各种基本部件（如收发器，即发射器和接收器的组合）以 BC 为代号，总机的代号为 RD，电话的代号为 EE，发电机的代号为 GN，耳机的代号为 HS，扬声器的代号为 LS，等等。其中，BC 这个代号有时会引起混乱，例如 SCR-300 中的 BC-1000 是收发器，而 SCR-536 中的 BC-611 是核心元件。有时，美军还直接用 BC 而非 SCR 来给电台编号。改进型电台的编号一般会有一个后缀字母，如 SCR-300 改进型的编号为 SCR-300-A。

1943 年 2 月 16 日，美军开始使用"联合电子设备型号编号系统"（Joint Electronics Type Designation System，俗称"陆海军系统"或"AN 系统"），而且至今仍在使用该系统。尽管美国的陆军和海军都使用这一编号系统，但二者有时仍会为同一种装备赋予各自的编号。根据该系统编号的装备，其编号一律以"AN/"为前缀，接着是三个分别代表安装平台、装备类型和用途的字母代号，最后是数字。此前的旧装备没有按照该编号系统重新编号，已有编号但仍在研发的装备也是如此。因此，使用"AN 系统"编号的装备直到战争末期才出现。上述三个字母代号有无数种组合，而地面电台常用的字母代号包括：GRC，表示的是车载电台，或可拆卸式和背负式电台；PRC，代表手持式或背负式便携电台；TRC，代表地面站使用的车载或驮载式电台；VRC，代表车载电台（包括坦克电台）。

英国和英联邦国家

英国在二战期间设计的大量通信设备被英军和英联邦军队采用。其中的许多设备都是由各部队所在地生产的，并且偶尔还会得到改进。美军通常为步兵、炮兵和装甲兵等兵种的战术电台专门分配频率，但英军的战术电台使用的是通用频率，而且很少超过 20 兆赫。英军也很少使用调频电台，并对其在某些应用领域的优越性不屑一顾。

战争初期，英国步兵认为排级和连级部队的信息传递不需要无线电，只需要传令兵，或者小分队指挥官的当面交流、哨子声和叫喊声。随着每个步兵连的排从 4 个减少到 3 个，英军对这一点更加深信不疑。1940 年下半年，佩伊（Pye）公司开发的 18 号背负式电台被用于英军步兵连和营部之间的联络。这是一种通话距离可达 5 英里的调幅设备，而且可将莫尔斯电码发往 9 英里外。在 6 兆周[4]至 9 兆周的频率范围内，18 号背负式电台的频率多达 18 个，但是连同电池和配件在内，这种电台重达 34 磅。由于这种设备过于笨重，操作员也很难隐蔽，而且以现代标准来看，18 号背负式电台和所有战时装备一样，既脆弱又不可靠。后来，英军开发的 MK Ⅱ和 MK Ⅲ等改进型电台被投入战场，而二者的战时总产量在 1943 年就已达到 76000 套。英军还开发了频率范围为 6 兆赫至 9 兆赫、通信距离为 3 至 5 英里的 28 号背负式电台。

整个战争期间，18 号背负式电台及其衍生型号（编号最后一位都是“8”）一直被使用。在这些衍生型号中，48 号电台是美国制造的，英国没有使用；加拿大研制的 58 号电台不支持莫尔斯电码通信，主要用于营级地面部队的相互联络。后来，英军还开发了 68P、68R 和 68T 三种电台。根据最初的设想，这些电台主要供突击队和空降兵在营级和旅（英军的旅相当于美军的团）级单位中使用。与 18 号背负式电台相比较，三者在外观上几乎没有区别，在通信距离上也相差无几，但在一些技术细节上略有差异，例如一直被沿用到战后的 68T 是热带版本。

随着战事持续，尤其是诸兵种合成行动的开展，英军发现自身需要一种更可靠、更轻便的电台，而这一需求在 1942 年才有所缓解。此时，有少量 46 号电台被发放到连营，以便用于一些特种行动（根据规定，这些电台要在每次任务结束后归还，但不难想见，这种规定不会被执行）。46 号电台这种小型收发机平时被装在布包中，并被挂在无线电员 37 型装具侧面靠前的位置，而九节杆式天线被装在另一个小袋子内。这种电台还配有一个单独的、在样式上与 37 型装具中的“小包”类似的小布挎包，以便存放电池、连接电池的接线盒、耳机、麦克风和备用电池。整个装置的重量在 24 至 33 磅之间，具体取决于携带的配件。这种电台有 3 个频道可供选择，并支持语音通信或莫尔斯电码通信，其频率范围为 3.4 兆周至 9.1 兆周，通话距离为 2 至 4 英里，莫尔斯电码的发送距离至少为 10 英里。这种设备可在地面或空中使用。整个电台以晶体为检波元件，不仅调谐可靠，而且具有防水功能。该设备还配备一套喉部麦克风，这一创新使其操作更加方便。

1944 年 10 月 25 日，荷兰博克斯塔尔（Bokstal），在第 51（高地）师进攻期间，英军一个步兵排指挥组的部分人员和该排下辖的一个步兵班在建筑物的掩护下暂停前进。位于排长（不寻常的是他似乎拿着一把半自动手枪）身后的无线电员携带着一部 38 号电台。（英国帝国战争博物馆，图片编号 B11280）

这张拍摄于 1945 年 2 月 3 日荷兰赫尔东（Heldon）的照片展示了英军或加拿大军队装备的、由电池供电的美制 SCR-694。二战期间，加拿大军队基于英制 18 号电台研发了 58 号电台，并将其用于各营之间的联络。58 号电台需要外部电源供电，无法使用普通干电池。事实上，各国军队当时使用的干电池不仅“保质期”不确定，而且供电时间很短。为避免这个问题，英军开发了 5 号发电机（Power Supply Unit No.5）。这是一种振动式发电机，内有 1 块由手摇发电机充电的 6 伏蓄电池。5 号发电机于 1942 年服役，可为 18 号电台、38 号电台、58 号电台和 68 号电台供电，但这种设备不受欢迎，在战场上使用有限。（英国帝国战争博物馆，图片编号 B14350）

英军步兵部队于 1943 年装备的 38 号电台在外形上和以往的产品相似。这种电台最常见的型号是 MK Ⅱ。连同电池和配件，一台 MK Ⅱ电台重 27.5 磅。整台设备可由操作人员携带并放在身体前方的布包中。MK Ⅰ电台配备的“战斗电池”位于设备的壳内，而 MK Ⅱ和 MK Ⅱ * 两种电台有专门的背包收纳电池，还配有装天线的管状布袋。38 号电台的频率范围为 6.4 兆周至 9 兆周，最大通话距离为 1000 码（使用 4 英尺长的杆式天线时）或 2 英里（使用 12 英尺长的天线时，但电台此时无法在运动中使用)。各型 38 号电台的战时产量共计高达 187000 套，远超其他设备的产量。一部分 MK Ⅱ被下发给连和营，以补充 18 号电台的不足，还有一些被下发给其他基层单位。到战争后期，英军的步兵排也装备了 MK Ⅱ。在 1944 年至 1945 年的西北欧战场上，这些经常被英军称为“步话机”的 38 号电台与 18 号电台、68 号电台一起支撑起了排、连、营、旅之间的通信网络。

英军第 3 突击队的通信主管特伦斯 • 斯凯利（Terence Skelly）中校曾于 1944 年夏天在诺曼底作战。在当地，野战电话线经常被敌方的炮火或友军的履带式车辆切断。在这种情况下，38 号电台有一项功能格外实用。斯凯利中校对此写道：

1944 年 6 月 6 日，诺曼底“宝剑海滩”（Sword Beach）内陆，可能是该海滩“女王”地段的后面，来自英军第 1 特勤旅和第 3 步兵师的通信兵正在一名突击队中尉（照片左侧配备汤普森冲锋枪者）的监督下使用单兵背负式电台。跪在地上的突击队员（照片右侧从前往后数的第二个人）正手持一根较粗的 6 英尺长的杆式天线，似乎在操作 46 号电台。46 号电台是 38 号电台的前身，主要由英军突击队或空降部队使用，但这种电台有一个严重的缺陷，那就是它可能突然发出巨大的声响。这名突击队员身后的步兵似乎配有一部 38 号电台。（英国帝国战争博物馆，图片编号 B5065）

这名接线员可能来自英军的某个旅部，他正用两台 10 路“通用呼叫”电话总机为友军接线。这种总机没有配备“接线员套件”，并且需要一部单独的野战电话充当话筒和听筒。在这张照片中，野战电话被放在较近的总机附近。

我们有一项操作，那就是一旦电话线“断线”，我们就把电话线从电话上拔掉，然后将线的两端分别插到两部 38 号电台的天线插座上，并将电台调谐到相同的频率上。尽管把断线的两端作为接地天线以跳过断线并建立联络的操作不属于标准操作，但这种“有线转无线”的方法确实管用。

英军的前线野战电话主要是 D 型 MK Ⅴ野战电话。这种电话被装在金属壳中，可连接电建以发送莫尔斯电码。英军旅级和旅级以上的部队使用的是装在木壳内的 F 型 MK Ⅱ野战电话。这种电话没有电建，所以不可以发送莫尔斯电码。英军还为部队配备了 6 路和 10 路“通用呼叫”（Universal Call）电话总机。

英军还广泛使用了 MK Ⅳ和 MK Ⅴ富勒电话（Fullerphone）。富勒电话开发于一战期间。在此之前，英军的电话使用的是接地回路系统（Ground Return System），于是德军开发了相应的监听设备。当英军发现德军经常在前线地段监听其电话和电报时，为了解决这个问题，英军就在野战电话的基础上改装出第一批富勒电话，并用其取代了前线 3 英里范围内的野战电话。事实表明，要想监听富勒电话，监听者必须处于距离电话线 180 英尺的范围内。富勒电话使用特制的电话线，并且可以轻松连接到现有线路上，哪怕后者的质量很差。富勒电话在外观上类似野战电话，配有木盒，还为耳机、听筒、发送莫尔斯电码的电键和蜂鸣器设置了插口，但无法进行语音传输。

这张照片拍摄于 1940 年 5 月最后一周的法国战场，展示了英军第 51（高地）师的一个无线电小组。该师后来在加莱（Calais）全军覆没，但这一牺牲为英军从敦刻尔克顺利撤退创造了条件。照片中，这名长期服役的常备军下士——显然来自黑卫士兵团第 1 营或第 4 营——正在用野战电话通话。设备上的听筒和木制外壳表明这是一部 F 型 MK Ⅱ野战电话，而不是只能发送莫尔斯电码的富勒电话。士兵的头顶上有一片阴暗的树篱，还有一根横着的长线。请注意这根长线与电话的连接方式。（英国帝国战争博物馆，图片编号 F4616）

英军和英联邦军队的电台编号规则

英军电台的编号规则于 1933 年启用。在英军使用的电台中，基本型号的编号一般为“WS No.X”（“WS”为“Wireless Set”的首字母缩写，意即“无线电设备”），如 38 号电台的编号为“WS No.38”；改进型用“Mk 罗马数字”来表示，如 38 号电台 MK Ⅱ的编号为“WS No.38 Mk Ⅱ”，但在标志牌上，罗马数字也可能被阿拉伯数字替代。改进型在经过细微改进后会再加上一个“*”，如经过再次改进的 38 号电台 MK Ⅱ的编号为“WS No. 38 Mk Ⅱ *”。英军还经常将电台简称为“XX 套件”，比如将 38 号电台简称为“38 套件”。

英联邦国家生产的大量电台有专门的编号方法，例如澳大利亚生产的 11 号电台的编号为“Ws No.11（Aust）”。

编号为“WS No.31”的英制 31 号电台实际是仿制的美制 SCR-300，但这种设备很少被英军使用。

苏联

二战前，苏军的大多数通信设备都是仿照欧美 20 世纪 30 年代的设计生产的。虽然苏联试图在通信设备方面实现设计标准化，也尝试提高产品的质量和产量，但这些努力大多没有成功。有些苏制通信设备结构坚固，但做工粗糙且不轻便。在 1941 年德军入侵苏联的最初几个月，苏军的大部分无线电设备都随之损失，而且国内的产能几乎无法弥补这些损失，更难以满足大幅扩军而激增的需求。在苏军中，团级以下部队的电台数量几乎为零，可用的电话也寥寥无几。苏军将大部分电台装备了装甲车辆和飞机，又将剩下的地面电台大部分给了炮兵。由于标准化程度低，苏军还经常把一切能用的电台都发给部队，根本不管其型号如何。

如果苏联没有通过《租借法案》从美国、英国和加拿大获得物资，苏军的战术通信能力将大打折扣。据估计，截至 1945 年，苏军 88% 的通信设备都是由西方盟国提供的。例如，美国就提供了 38 万部野战电话和 24.5 万台电台，其中包

边铺设电话线边执行任务对侦察部队来说是不切实际的，但奇怪的是，苏军很少为侦察单位配发电台。很多下级军官都对这一问题深有体会，因此只要轻型电台充足，他们就会将其优先配发给侦察兵。（斯塔夫卡军事图片研究公司/尼克•科尼什，图片编号K231）

括大量 SCR-300、SCR-511、SCR-536 和 SCR-584 电台，还有 EE-8 电话和 100 万英里长的电话线（许多苏联制造的电话线都有缺陷）。然而，相较于苏军庞大的规模，美制战术电台仍显不足，因此通常只会配发给近卫部队等特殊部队。团级以下单位拥有的电台也就更少。比起电台，苏军更喜欢电话，因为后者不仅可靠，而且很难被拦截。在营级和团级部队，苏军至少装备过 10 种电台，下面将介绍其中的 3 种。值得一提的是，直到 20 世纪 50 年代初，苏联都没有统一的电台编号规则，而是由各设计局自行制定。

4-R，又名“RBS-40”，是一种工作频率为 33.25 兆周至 40.5 兆周的调幅电台。这种重达 40 磅的电台平时由操作人员单肩背挎携带。这种电台可连接有线电话，而在搭配杆式天线后可在运动中使用。4-R 的通话距离据说可达 7 英里，但这一数据值得怀疑。与苏军的许多电台不同，4-R 结构坚固，其零件质量上乘。苏军

苏军团级部队及以上部队经常让女兵充当电台、电报、电话和电话总机的操作员。（斯塔夫卡军事图片研究公司／尼克·科尼什，图片编号 P23）

这张照片颇具视觉冲击力，展示了携带 6-PK 电台的苏军通信兵。苏军使用过多种本国和外国的营级便携式电台，而 6-PK 电台就是其中之一。（斯塔夫卡军事图片研究公司 / 尼克 • 科尼什，图片编号 A39）

这些苏军通信兵操作的设备可能是 6-PK 电台。美国通过《租借法案》为苏军提供了大量通信设备，但这些设备很少登上照片。（斯塔夫卡军事图片研究公司 / 尼克·科尼什，图片编号 A40）

另一种常见的电台是制造工艺较差的6-PK（又名“RKRM”）。这种重48磅的电台被存放在套着薄帆布的木箱中，而且必须由2人背负。6-PK为调幅电台，支持语音和莫尔斯电码通信，但无法在运动中使用。6-PK的特别之处在于其发射机的频率范围为3.75兆周至5.25兆周，接收机的频率范围为3.75兆周至5.5兆周。相当罕见的A-7-A调频电台全重50磅，通信距离可达6英里，频率覆盖范围为22兆周至27兆周。这种电台主要装备团级部队，可由1人携带，而且能在5分钟内投入使用，但无法在运动中使用。

苏军使用过十多种国产野战电话，还在战前购买过美国、法国、德国、日本、挪威和瑞典的产品。由于害怕被监听，苏军禁止电话使用接地回路系统，只有伞兵部队的TAT-F轻型电话是例外。苏军的电话大部分都配有木壳，主要装备师和师以上部队，也被用于后方地区。在连级、营级和团级部队，最常用的两种前线电话是UNA-F-28和UNA-F-31，此外还有可与苏制电话在同一网络中一起使用的美制EE-8。从1943年开始，TAI-43电话被大量生产并列装部队。FOF-28和FOF-33是苏军营级部队最常用的两种电话总机。FOF-33虽与FOF-28类似，但有所改进。这两种总机都非常小，都只能连接6条线路。在团一级，苏军使用的是12路RE-12总机。

德国

德军电台用的材料质量优良。其中，由镁铝合金制成的外壳非常坚固；许多部件采用了标准化设计，并且可在设备之间互换。德军的电台还采用了模块化结构，这有利于部件的检修和更换。由于世界上的电台使用的晶体大部分都来自巴西，德国还开发了一种温度补偿晶体振荡器（Temperature-Compensated Variable Oscillator），并将其作为替代品。温度补偿晶体振荡器并不是晶体检波元件的简单替代品。相反，这种器件在性能上非常出色，而且能为电台提供卓越的频率调谐能力和稳定性。

德军的背包式无线电设备大多都需要二三人搬运。这些设备不仅无法在移动时使用，而且必须在操作前进行设置。其中，最常见的型号包括绰号为“伯莎”（Bertha）的b1型、绰号为“恺撒”（Cäsar）的c型、绰号为“弗里德里希”（Friedrich）的f型、绰号为“海因里希”（Heinrich）的h型和绰号为“康拉德”（Konrad）

一名德军无线电员正在操作 b1 型背包式无线电设备。请注意他的防蚊头罩，这在东线的许多地方都是夏天的“标配”。照片显示，他已经按照标准操作要求，将收发报机放在了电池 / 附件箱的顶部。请注意收发报机顶部升起的短杆天线。

这名德军通信兵正在堑壕中对着麦克风说话，他使用的是一台 *b1* 型背包式无线电设备或其改进型。

另一张德军 b1 型背包式无线电设备的照片，该电台的配套设备全部可见。这种设备需要 3 个人携带，而且无法在移动时使用。照片中的这部电台配有 3 节短杆天线，但它还可配备 8 节长杆天线。

德军的 c 型和 d 型两种背包式无线电设备不仅外观相似，而且都可由单兵携带。二者的主要区别在于频率覆盖范围和重量。照片中这部安装在一辆 Kfz 2 通信车（Kfz 2 Nachrichtenkraftwagen）上的、隶属第 17 装甲师一支炮兵部队的电台很可能是重 20 千克的 c 型背包式无线电设备，而非重 17 千克的 d2 型背包式无线电设备。

一台设置在东线冬季固定防线中的德军 b1 型背包式无线电设备（或类似设备）。该设备配有一根长杆天线。如果通信距离较远，操作者可改用长的钢索天线，并将其连接在长杆或树上。值得注意的是，操作员的靴子右侧还有一个苏制 7.62 毫米子弹箱。

这位德军通信兵正在操作一部电台。尽管被防水帆布覆盖，但根据电台配备的鞭状天线可以看出，这是绰号为“古斯塔夫”（Gustav）的g型背包式无线电设备。这种电台可由一人携带，并且可使装甲掷弹兵在下车后与半履带车保持联系。德军的大部分半履带车（如SdKfz 251/1）和很多坦克配备的无线电设备为Fu. 7。

的 k 型。这些于 1935 年至 1937 年期间投产的电台在外观上大同小异，其主要区别在于频率覆盖范围。这些电台都是重约 20 千克的调幅电台，它们传输语音和莫尔斯电码的最远距离分别为 6 英里和 12 英里。以上电台主要供团属通信排和营属通信分队使用。另外，这些电台都配有 1 根 100 米长的电缆和 1 个听筒，这就使观测员或操作员能够把无线电和天线藏在后方并在前线行动。

德军的步兵团和营使用的是一种更轻型的无线电，即绰号为“多拉”（Dora）、重 17 千克的 d 型背包式无线电设备。在此基础上大幅改进而来的 d2 型背包式无线电设备后来也列装这些部队。d 型背包式无线电设备的工作频率为 33.8 兆赫至 38 兆赫，通话距离为 6.5 千米，莫尔斯电码通信距离为 15 千米。这种设备可以在运动中使用。但在使用时，收发机要由一人背负，而他身后的操作员要一边背着沉重的电池 / 附件包，一边进行语音交流或发送莫尔斯电码。此外，该设备在

照片中的德军 10 路小型电话总机在工作时需要额外连接一部 33 型野战电话。

使用前还要做 5 至 8 分钟的准备工作。绰号为“古斯塔夫”的 g 型背包式无线电设备是一款出色的电台，其频率覆盖范围为 2.5 兆赫至 3.5 兆赫，输出功率为 1.5 瓦。这种电台配有鞭状天线，重 18.3 千克，可由单人携带并在移动中使用。装甲掷弹兵部队通常装备这种电台，以便与半履带车保持联系。

德军的标准野战电话是 33 型野战电话。这种设备相当优秀，但重达 12 磅。德军的营和团分别配备了 10 路小型电话总机和 20 路野战电话总机。为防止纳粹死灰复燃，大量德军无线电设备在战后被下令销毁。

德军电台的命名规则和频率范围

德军将便携式电台称为“Tornister Funkgerät”（简写为“Torn.Fu.”，意即“背包式无线电设备”），并用一个小写字母来表示其型号。如果该小写字母后面还有一个数字，那代表该设备为改进版本，例如“Torn.Fu.b1.”指的是 b1 型背包式无线电设备。在平常交流时，德军一般只说其中的字母来指代对应的设备。“Funkgerät”（简写为“Feld.Fu.”，意即“野战无线电设备”）指代所有便携式电台和固定式电台，而安装在装甲车辆上的电台一律被称为“Funkgerät”（简写为“Fu.”，意即无线电设备）。

德军在其《无线电管理条例》（*Funkvorschriften*）中规定了各兵种使用的无线电频率范围，但具体安排经常发生变化。德军常用的背包式无线电设备包括：

背包式无线电设备型号	频率范围（千周）		功率（瓦）	用途
	发射机	接收机		
Torn.Fu.b1	3000—5000	3000—6600	0.6	除步兵外的所有兵种
Torn.Fu.c	1500—2300	1500—2600	0.6	炮兵
Torn.Fu.f	4500—6670	3000—6600	0.6	炮兵
Torn.Fu.h	2300—5500	2300—5500	1.0	
Torn.Fu.k	4500—6067	3000—6067	1.5	

日本

在日军的通信系统中，无线电获得的重视程度不如有线通信获得的重视程度高。日军在前进时会使用无线电。一旦有线通信系统被建立起来，无线电就会停止收发，并转入待命状态。日军另一种重要的通信手段是使用传令兵传递信息。不过在太平洋岛屿上，由于受到盟军远程火炮、迫击炮和舰炮的轰击，还不断遭到空袭，日军很快就发现有线通信很难维持。然而，日军的电台也不可靠。这些电台很容易被美军的无线电测向手段发现，也经常因干扰而失效。由于热带战场环境恶劣，再加上防水和防霉设计差，这些电台还常常无端失灵。

日军经常被迫在白天制定反击和撤退计划，然后趁天黑派传令兵去传递命令，以便部队在次日黎明前执行命令。在这个相当缓慢的过程中，日军部队很难应对紧迫的需求，而且在部队接到命令并准备执行的时候，整个局势往往已发生了很大变化。

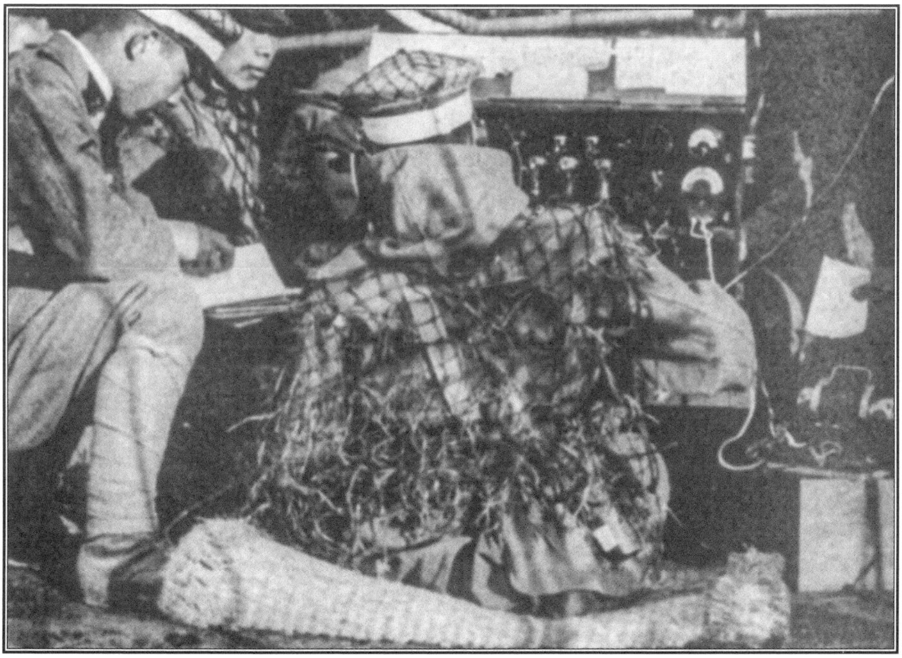

在这张拍摄于日军战前演习期间的照片中，步兵第 7 联队的成员正在操作电台。请注意白色的"演习"帽带、伪装网，以及使操作员不必直接坐在冰冷地面上的稻草垫。

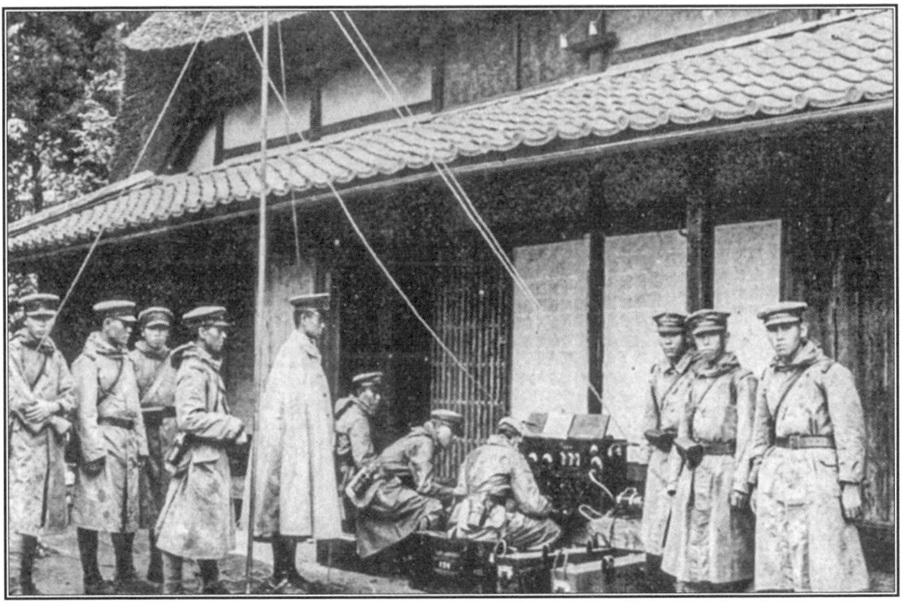

在一次战前演习中，日军正在检查基地电台的运行情况。电台前面的木箱是包装箱。电台及其附件在被装进这些箱子中之后就可由驮马运输，而驮马是当时日军大多数部队主要的运输工具。

日军的一名助手正在把野战电话接线员收到的信息记录下来，以便将其转交给部队指挥官。照片中的设备为一部九二式电话机。这种电话机的制造工艺最初较好，但随着战争持续，每况愈下。

二战爆发时，日军的电台相当简陋且陈旧，其中最新的电台采用的也是20世纪30年代中期的设计。此外,日军当时只有调幅电台。这种电台便于维修保养，但其频率不稳定，而且操控过于复杂。不过，日军的无线电员经过长时间的严格训练，在操作简陋设备时也能游刃有余。由于日军在设计电台时还考虑了便携性，其小型便携电台可由单兵携带。携带时，士兵会将电台挂在胸前，将电池组背在背后。日军的其他电台可由三四个人携带，但无法在移动中操作。

日军最常见的战术电台是九四式无线机（“九四”代表日本皇纪2594年，即公元1934年），而师团和联队主要使用的九四式三号无线机是其改进型。九四式无线机的发射机、接收机、遥控装置和手摇发电机都配有专用手提箱。这种电台的发射机频率覆盖范围为0.4兆周至5.7兆周，接收机频率覆盖范围为0.3兆周至6.0兆周。九四式五号无线机和九四式六号无线机主要被大队和中队使用。其中，前者的通话距离为1至2英里,莫尔斯电码通信距离为5英里;后者与步话机类似，通话距离为1至2英里。上述电台均可由多人携带，也可由驮马运输。

与无线电相比，日军更习惯使用接地回路野战电话，而且严重依赖这种通信方式。日军的标准野战电话是配有独立话筒和耳机的九二式电话机（“九二”代表日本皇纪2592年，即公元1932年）。日军大队及以上部队配备的野战电话总机可为部队建立有线通信网络。

日军无线电设备编号

日军无线电设备的编号经常令人困惑。这主要是因为自二战以来其他国家的情报搜集人员既缺乏统一的术语，又经常将其翻译错。例如，在翻译日语中的“某某式”时，他们经常混用“Type”和“Model”，有时还会直接在后面加上一个带横杠的数字；在翻译日语中的“某某号”时，他们则经常混用“Mark”和“Number”。

事实上，“某某式”的日语发音为“shiki”，其正确翻译应为“Type”，但很多资料、书籍和当时的情报文件都将其翻译为“Model”；“某某号”

的日语发音为“kata”，其正确翻译应为“Model”。日军的“式”一般采用两位数字编号来代表设备列装的年份（通常是以神武纪年法计算出的皇纪年份的后两位数字）。例如，日军的大部分无线电设备是“九四式”，这表明它们于日本皇纪 2594 年（即公元 1934 年）列装。日本皇纪年份要转换为公历年份，只需减去 660 年。例如，日本皇纪 2596 年在减去 660 年后就是公元 1936 年。

通信规程

音标字母

二战参战国家都为无线电和有线电话等通信设备的使用制定了标准通信规程。其中，最基本的部分可能是音标字母规则，旨在确保通信时所说的字母清晰准确。1897 年，各国通过了《国际信号规则》(*International Code of Signals*)，以规范海上旗语、陆上旗语和灯语通信。鉴于一战中出现的问题，各国又于 1927 年在华盛顿召开了国际无线电报会议，并于 1928 年在伦敦推出了新版《国际信号规则》。该信号规则最初仅涉及容易被误听的字母（如 B、C、D、E、G、P 和 Z），直到 1938 年，经过修订后的信号规则才覆盖所有字母。

美军 1941 年使用的国际字母读法

与一战时使用的音标字母规则相比，美军二战期间使用的音标字母规则中有许多字母的拼读都发生了变化。1941 年年初，美军修改了《旗语和国际字母代码规则》(*Flag and International Code Alphabet*) 中某些字母的拼读方式。根据这一规则，将信息转录为文字时，音标单词通常用大写字母表示，例如将“SUGAR SUGAR”录为“SS”。这一规则一直沿用到 1953 年 3 月 1 日《北约字母代码规则》(*NATO Phonetic Alphabet*) 生效。

字母	音标单词与近似读音	字母	音标单词与近似读音	字母	音标单词与近似读音
A	ABLE，埃博	J	JIG，吉格	S	SUGAR，舒格
B	BAKER，贝克	K	KING，金	T	TARE，泰尔
C	CHARLIE，查理	L	LOVE，拉夫	U	UNCLE，昂寇
D	DOG，道格	M	MIKE，麦克	V	VICTOR，维克托
E	EASY，伊塞	N	NAN，南	W	WILLIAM，威廉
F	FOX，福克斯	O	OBOE，奥博	X	X-RAY，艾克斯瑞
G	GEORGE，乔治	P	PETER，彼得	Y	YOKE，约克
H	HOW，豪	Q	QUEEN，奎恩	Z	ZEBRA，泽布拉
I	ITEM，埃滕	R	ROGER，罗杰		

英军和英联邦军队 1943 年以前使用的字母读法

在 1943 年因战时需要而与美国使用同一套音标字母规则之前，英军和英联邦军队一直在使用另一套音标字母规则。当使用这套规则进行语音交流时，英军和英联邦军队在读某个字母时会读成“某音标单词中的字母”，例如“G for George”。

字母	音标单词与近似读音	字母	音标单词与近似读音	字母	音标单词与近似读音
A	ACK，阿克	J	JOHNNY，强尼	S	SUGAR，舒格
B	BEER，比尔	K	KING，金	T	TOE，透
C	CHARLIE，查理	L	LONDON，伦敦	U	UNCLE，昂寇
D	DON，唐	M	MONKEY，芒基	V	VIC，维克
E	EDWARD，爱德华	N	NUTS，纳茨	W	WILLIAM，威廉
F	FREDDIE，弗雷迪	O	ORANGE，奥润治	X	X-RAY，艾克斯瑞
G	GEORGE，乔治	P	PIP，皮普	Y	YOKER，约克尔
H	HARRY，哈瑞	Q	QUEEN，奎恩	Z	ZEBRA，泽布拉
I	INK，因克	R	ROBERT，罗伯特		

为清晰表达数字，美军和英军还为数字制定了一套标准。每个数字通常要单独说出，而且中间不带连接字。例如，“56”应读作“五六”，而非“五十六”；200 可以读作“二百”，但“210”必须读作“二一零”。

数字	读法	数字	读法
0	zero（不能读作“oh”或“nought”）	5	fi-ver
1	wun	6	six
2	too	7	seven
3	thuh-ree	8	ate
4	fo-wer	9	niner

为确保无线电和电话语音交流足够明确，美军和英军还采用了标准的电台业务词或通信用语。通话开始时，呼叫方首先要报出对方的呼号，然后再报自身的呼号，例如：“埃博 - 贝克 2 号，（我是）查理 - 贝克 3 号”。常用的业务词或通信用语包括：

业务词或通信用语	中文翻译	含义
Acknowledge	请认收	请向我表示你已收到并理解通话信息。
Roger*	收到	我已收到你的信息。
Wilco	照办	最后一条信息已收到，明白，我会遵照执行。
Wait	稍等	我必须暂停数秒。
Wait Out	等待	我必须暂停，而且时间超过数秒。
Say again**	重复一遍	重复你刚才说的话。
I say again	我重复一遍	我在重复你的请求。
How do you hear me?	信号怎样？	用“弱”“清楚”“差”等，或用 1 到 10（最强）来表示信号强度。
Speak slower	讲慢点	请放慢语速，确保清晰。
I spell	我拼一遍	我将利用音标单词，逐字母拼读对应单词。
Over	请回答	我发话完毕，你可以回答。
Out***	完毕	本次通话结束，请勿回答。

* 因为“Received”（意为“收到”）一词的首字母为“R”，所以用“Roger”来表示收到信息。

** 无线电通话不会使用“重说”（Repeat）一词，除非要求重复执行某一火力任务或空袭任务。

*** 无线电员不会说“结束，完毕”（Over and out），而只说“完毕”（Out）。

德军使用的字母读法

德军将其音标字母规则称为“Buchstabiertafeln”，并在其中使用了大量男女姓名。在德文字母中，“ä”“ö”“ü”三个变元音字母（Umlaut）在书写时会分别用“ae”“oe”“ue”来代替；“ß”（发音为“ess-zett”）可写作英文中的“ss”，并读作“Siegfried- Siegfried”（读音近似“齐格弗里德 - 齐格弗里德”）。

德军部分部队（如军、师下属的旅、团下属的营以及其他指挥机构）的番号用罗马数字表示。在电话和电台通信中，这些罗马数字会被读作阿拉伯数字，但会在前面加上“römisch”（意为“罗马数字”）一词。例如，“第 12 军”会被读作“römisch ein zwei Armeekorps”（意为“罗马数字第 12 军”）。为了方便参考，德军还在野战电话上附了一块音标单词表提示牌。直到今天，这套规则仍被德国民间组织使用，只是内容略有改动。德军二战时使用的字母读法为：

字母	音标单词与近似读音	字母	音标单词与近似读音	字母	音标单词与近似读音
A	Anton，安东	I	Ida，爱达	R	Richard，理夏德
Ä	Ärger，阿尔杰尔	J	Julius，朱利乌斯	S	Siegfried，齐格弗里德 **
B	Berta/Bruno，伯塔 / 布鲁诺	K	Konrad/Kurfurst，康拉德 / 库尔福斯特	T	Theodor/Toni，特奥多尔 / 托尼
C	Cäsar，恺撒	L	Ludwig，路德维希	U	Ulrich，乌尔里希
Ch	Charlotte，夏洛特	M	Martha，玛莎	Ü	Übel，于贝尔
D	Dora，多拉	N	Nordpol，诺德波尔	V	Viktor，维克托
E	Emil，埃米尔	O	Otto，奥托	W	Wilhelm，威尔海姆
F	Friedrich/Fritz，弗里德里希 / 弗里茨 *	Ö	Ödipus，俄狄浦斯	X	Xanthippe，赞提佩
G	Gustav，古斯塔夫	P	Paula，宝拉	Y	Ypsilon/Ypern，伊普西隆 / 伊普恩
H	Heinrich，海因里希	Q	Quelle，奎勒	Z	Zeppelin，齐柏林

* 据说，由于“Fritz”是英国人和俄罗斯人对德国人的蔑称，这一读法后来被弃用。

** 德军有时还会将“Sch”读作“Schule”（读音近似“舒勒”）。

苏军使用的字母读法

在读西里尔字母时，苏军采用了大量男性和女性的名字来代表不同的字母。下表已将西里尔字母转写为英文字母，并且尽量没有使用变音附加符号（但有些用上标数字做了区分）。按照西里尔字母顺序，苏军的字母读法为：

字母	音标单词与近似读音	字母	音标单词与近似读音	字母	音标单词与近似读音
A	Anna，安娜	K	Konstantin，康斯坦丁	F	Fedor，费多尔
B	Boris，鲍里斯	L	Leonid，列昂尼德	Kh	Chariton，哈里顿
V	Vassili，瓦西里	M	Michail，米哈伊尔	Ts	Zaplya，扎普利亚
G	Grigori，格里戈里	N	Nikolai，尼古拉	Ch	Tschelovek，切洛维克
D	Dimitri，迪米特里	O	Olga，奥尔加	Sh	Schura，舒拉
E	Yelena，叶莲娜	P	Pavel，帕维尔	Shch	Stschuka，斯楚卡
J	Shenya，谢尼娅	R	Roman，罗曼	I^3	Ery，艾瑞
Z	Sinaida，斯奈达	S	Semyon，谢苗	E	Yeri，耶里
I^1	Ivan，伊万	T	Tatyana，塔季扬娜	Yu	Yuria，尤里
I^2	Ivankratki，伊万克拉特基	U	Ulyana，乌利亚娜	Ya	Yakov，雅科夫

日语的表音文字——片假名

日语的书写系统是汉字（Kanji）。该系统以中文为基础，包括 5 万多个表意文字和 53 万多个复合词，而二战期间日本人的平均识字数大约为 5000 个。这种系统不利于快速传递信息，并且难以利用电码发报。在这种情况下，日军找到了一条捷径，那就是使用片假名来传递信息。

日军无线电员正在学习用假名输入收到的密码报文。请注意打字机上使用了纸卷，这样就不用频繁换纸。

片假名一共有 50 个，每个片假名都对应一个可用拉丁字母拼写出来的读音，而这一点与汉字明显不同。片假名在官方文件和报纸中经常和汉字混合使用，也被用在文件、电报、通知中以及外来词（尤其是地名）的音译上，还经常被用来表示飞机的型号和舰船的名称。更重要的是，片假名使日军能够发送莫尔斯电码。

片假名及其罗马音										
ア a	カ ka	サ sa	タ ta	ナ na	ハ ha	マ ma	ャ ya	ラ ra	ワ wa	

续表

片假名及其罗马音										
イ i	キ ki	シ shi	チ chi	ニ ni	ヒ hi	ミ mi	イ i	リ ri	ヰ (w)i	
ウ u	ク ku	ス su	ツ tsu	ヌ nu	フ hu	ム mu	ユ yu	ル ru	ウ u	ン n
エ e	ケ ke	セ se	テ te	ネ ne	ヘ he	メ me	エ (y)e	レ re	ヱ (w)e	
オ o	コ ko	ソ so	ト to	ノ no	ホ ho	モ mo	ヨ yo	ロ ro	ヲ wo	

莫尔斯电码

莫尔斯电码是一种字符（如字母、数字、特殊字符、标点符号）编码系统。根据该系统，操作人员可以敲击电键并通过线缆、连续波电台来传递信息，也可以有节奏地闪烁灯光来传递信号。在这个系统中，每个字符都用 1 至 5 个点（读作“滴”）或划（读作“嗒”）来表示。其中，敲击一划所持续的时间相当于敲击三个点的时间。用莫尔斯电码传递信息时，字母和字母之间、词和词之间都有停顿。其中，1 个字母中的点和划停顿的时间相当于敲 1 个点的时间，2 个字母之间停顿的时间相当于敲 3 个点的时间，而 2 个词之间停顿的时间相当于敲 7 个点的时间。

莫尔斯电码于 19 世纪 30 年代末由“电报之父”——塞缪尔 • 莫尔斯（Samuel F.B. Morse，1778 年至 1847 年）发明。莫尔斯电码最初的版本比较烦琐，包括若干三位数和四位数，而每组数字都对应一个单词。这导致接收员必须用一种类似字典的电码本来破解信息。因此，该版本在商业电报线路建立之前就被废弃了。1837 年，一种经过改进的莫尔斯电码问世，而该系统中的所有字符都用点和划来表示。“美式莫尔斯电码”（American Morse Code），又名“铁路电码”（Railroad Code），是最初的标准电码。但在 1865 年，巴黎召开的国际电报大会又制定了“国际莫尔斯电码”（International Morse Code），以兼容非英语字母和特殊字符。俄国和日本也开发了本国特有的电码系统。

通过无线电传输的莫尔斯电码在传输距离上远超语音通话，而且通常更“易读”（易懂）。莫尔斯电码还可通过报务员高速传送，而传送速度一般以“词 / 分”为单位。如果每个单词包含 5 个字母，一名专业报务员能以 10 至 15 词 / 分不等的速度发送莫尔斯电码，而最高纪录是 35 词 / 分。报务员的接收速度通常更高。在接收莫尔斯电码时，老练的报务员能以 40 词 / 分甚至更高的速度“复写”（Copying）。有些老练的报务员甚至能识别其他报务员的“笔迹”。换言之，他们虽然不清楚对方是谁，但能察觉对方微妙的按键特征。这对无线电拦截非常有用，因为即使对方改变频率，报务员仍可透过对方的按键特征查明其身份。这种本领还可帮助确认报务员（尤其是敌方领土上的特工）是否已暴露或是被奸细替代。

对于所有军队的无线电报务员而言，熟练使用莫尔斯电码都是一项基本功。虽然这项技能大概只要 3 周就能上手，但速度和熟练度的全面提高往往还需要 6 至 8 周的培训。此外，莫尔斯电码的培训还必须与其他相关通信科目的训练交替进行。

时间和日期

二战期间，军事行动经常跨越时区，甚至跨越国际日期变更线。为避免造成致命的混乱，标准时间的确定势在必行。

地球被分为 24 个时区，而相邻两个时区的时差为 1 个小时。这些时区以英国格林尼治皇家天文台所在 0 度经线（即“本初子午线”）为起点，而天文台所在地的时间也被定为“格林尼治标准时间”（Greenwich Mean Time，简写为“GMT”）。从格林尼治向东延伸，到达世界的另一端，180 度经线纵贯位于中途岛正西方的太平洋中部，而这条经线就是“国际日期变更线”（International Date Line）。按照规定，一旦越过国际日期变更线，日期就要发生变化。如果从东向西越过这条线，日期要加一天；如果从西向东越过该线，日期要减一天。这就导致地球上同时存在两个日期，即国际日期变更线以西的地方要比位于该线东面的地方晚一天。在太平洋战争爆发之初，日军几乎同时袭击了夏威夷和菲律宾，但当时夏威夷首府檀香山（Honolulu）的时间是 1941 年 12 月 7 日，而马尼拉（Manila）的时间已经是 12 月 8 日了。

在诸兵种合成和联合作战计划中，西方盟国一律使用格林尼治标准时间，并将其称为“祖鲁时间”（ZULU Time）。国际日期变更线以东各时区的时间被称为“祖鲁时间 – X 小时”，以西各时区的时间被称为“祖鲁时间 + X 小时”。24 个祖鲁时区都各有 1 个指定的字母代码（但没有“I”和“O”，以避免与数字“1”和

“0”混淆），而且各时区的代码是以格林尼治天文台为起点向东依次设置的，因此德国的大部分地区都在“埃博”（ABLE，即“A”）时区内。

尽管理论上每个时区跨越的经度为15度[①]而且相邻两个时区相差1小时，但实际时区往往会受到政治和行政边界的影响。处于同一时区内的多个国家或地区可能会相差数小时。比如苏联的远东地区和中国就在同一个时区内，但二者的标准时间有很大差异。一些国家还在一个普通时区内细分出若干特殊时区，而这些特殊时区的时间会与该时区其他部分的时间相差二三十分钟。这种情况常见于特定的群岛地区，而且特殊时区的一部分甚至可能延伸到邻近时区。因此，在规划和执行大规模行动，尤其是涉及多个时区的行动时，标准时间的确定至关重要。

“日光节约时制”（Daylight Saving Time），就是被人们熟知的“夏令时”，也是一个复杂的因素。在欧洲，盟军使用的是英国双夏令时（British Double Summer Time），即“战时时间”。英国采用这种制度后，其夏季时间比格林尼治标准时间提早2小时，冬季时间则提早1小时。这就使得英国与欧洲大陆的时间相同，也简化了跨海峡飞行任务。但在1944年6月诺曼底登陆期间，由于时值盛夏，英国日照时长可达18个小时，这种安排导致英国天黑的时间显得很不正常，有时甚至会到23点30分才算天黑。

当盟军使用格林尼治标准时间或祖鲁时间时，苏军使用了莫斯科时间，即“查理”（CHARLIE）时区[②]的区时（格林尼治标准时间加上3小时）；德军使用了柏林时间，即“埃博”时区的区时（格林尼治标准时间加上1小时）；日军则使用了东京时间，即“因地亚”（INDIA）时区的区时（格林尼治标准时间加上9小时）[③]。这些也是上述三国军队最高指挥部规划行动时所采用的时间。

美国陆军官方采用欧洲的“日月年”格式来表示日期，但也经常使用民间惯用的“月日年”格式。在军队中，时间一般用24小时制表示，即从0001时（午夜后1分钟）到2400时（午夜）。这样一来，上午（AM）和下午（PM）就不会混淆。其中，从0001时到1200时（正午）相当于12小时制的上午；1200时之

---

① 译者注：此处原文为“20度”，有误。
② 译者注：原文为“贝克”（BAKER）时区，有误。
③ 译者注：原文为加“10小时”，有误。

后即下午，而要将 24 小时制下午的时间换算成 12 小时制时间，只需用小时减去 12 小时，例如 1300 时即下午 1 时，1800 时即下午 6 时，2200 时即下午 10 时（在欧洲大陆，24 小时制的表示方式略有不同，例如 1500 时通常表示为“15.00”）。

一个相关的概念是“日期时间表示法”（Date-Time Group），即精确表示日期和时间的方法。根据这一方法，时间应以 24 小时制表示，日期应以“日月年”格式表示，例如 1944 年 6 月 6 日上午 6 时整就表示为“060006 JUN 44”。此外，月份还可使用数字而非月份的英文缩写来表示。苏军表示日期时间的系统略有不同。当按照该系统表示己方行动时，时间在日期之前，而表示敌方行动时，时间在日期之后，例如“16.4.45 10.30”表示的是德军行动时间为 1945 年 4 月 16 日上午 10 时 30 分。

文件

密级划分

文件的保密要求各不相同。在确定密级时，军方不仅要考虑信息的敏感性，还要避免暴露收集信息的手段，以防止敌人发现某些未知情况。在启动文件定密工作之前，有关人员必须获得权限。密级标志应当醒目地标在涉密文件的封面上，以及每张内页、地图、透明叠片等的正面和反面。密级标志通常都使用大写字母，有时还会使用红色印戳。各国军队经常遭遇保密过度的问题，而这会导致最需要信息的下级部队无法看到文件。

如果一份文件需要特殊对待或限制阅览，各国军队一般会为该文件打上彩色或条纹的记号，或打上仅供某些特定人员过目的标签，比如美军打的标签是“To be Handled by Officers Only”（意为“仅供军官过目”），英军的是“Officer Only”（意为“仅限军官”），德军的是“Nur durch Offizier”（意为“仅由军官参阅”）。在 1940 年 6 月之前，英军还使用过“This document is not to be taken into front-line trenches”（意即“本文件不得带入前线战壕”）这一标签。但该标签先是被“Not to be taken forward of divisional headquarters”（意即“不得带出师部”）这一标签取代，而后者又在 1942 年停止使用。此外，盟军还针对特别敏感的通信破译信息进行了特殊分类，如将其分为“Ultra”“Bigot”“Magic”等。不过，这些“仅供过目”的材料从未在战术层面出现过。任何与信号情报、拦截、监听和破译有关的内容都是高度机密的。当这些机密被下发到战术层面时，当局不会说明其获取方式和来源，而接收者也不会过问。

各国文件密级（从高到低）

国家 / 密级	美国	英国	苏联	德国	日本
绝密	Top Secret[1]	Most Secret[2]	Совершенно Секретно	Geheim Kommandosache[3] （秘密指挥事项）	機密
机密	Secret	Secret	Секретно	Geheim	極秘
秘密	Confidential	Confidential	Конфиденциально	Vertraulich	秘
限制	Restricted	Restricted	Для Служебного Пользования （仅供官方使用）	Nur fur Dienstagebrauch （仅限军事勤务使用）	部外秘

[1] 美国在战前没有这种分类。这导致美国在接到英军的“绝密”文件时产生了混乱，因为美国人把英军标为“Most Secret”的绝密文件当成了“大部分为机密”的文件，甚至还把文件内容公布给了媒体。

[2] 战争初期，英军有时还用“Very Secret”（高度机密）来表示绝密。

[3] 德军还有一些更高的密级，如“Hochtsgeheim”（最高机密）和“Strengeheim”（严格机密）。

通信中心的运转

团或营的通信分队一般会设置一个通信中心，而该中心被英军和英联邦军队称为“通信办公室”，被苏军称为“通信节点”，被德军称为“通信接收站”。通信中心通常紧邻部队指挥所，还有一个类似的较小的中心也会被建立起来，以便为后备指挥所或后方指挥所提供支持。无线电操作分队应在通信中心开展业务，并与上级和下级单位保持联络。这些中心均受部队通信参谋指挥。此外，这些通信参谋还会承担一系列参谋任务，例如向指挥官和参谋部门提供通信建议，与下级和上级通信分队协调，监督下属部队，安排设备维修和通信物资发放等。因此，通信参谋很少在通信中心抛头露面，而通信中心的日常监督工作通常由通信分队的高级士官代为主持。整个中心每天 24 小时运转，而且所有人员被分为两班，轮流工作。指挥机构要想顺利、及时地开展行动，一个组织良好、运转高效的通信中心至关重要。

在新几内亚东北部的莱城（Lea），澳军部队正在营部通信办公室内忙碌。照片中，右侧的军官使用的是美制 SCR-536，坐在绰号为“巴沙”（Basha）的简陋防水布下面的操作员使用的似乎是一台 38 号电台。其他部队将澳大利亚皇家通信部队的成员称为“Chooks”，意即“鸡”，但这个绰号带有贬义，最好不要使用。（迈伦·戴维斯 / 时代生活图片社 / 盖蒂图片社）

跨部队的联络主要由军官和军士通过电台和电话进行。但联络内容（以及其中包含的重要情况）的记录并非通信中心的关注事项，而主要由参谋部门和下属单位的指挥机构完成。通信中心的人员要负责记录其他通信内容，并确保机密信息的安全。通信中心有一部电话总机，所有往来电话都要通过这部总机转接。部队通过传令兵收发的所有书面信息和文件也要经过通信中心。如有必要，通信中心还必须对收发的信息进行加密和解密。所有信息必须记录在案，而且发送人、

战斗中，通信中心不会像这张照片所展现的一样被精心布置。照片中的这些标牌也表明这实际是美军的一次演习或训练中的场景。请注意，长桌两端都有标准野战电话 EE-8，文书（Counter Clerk）前方的 M2 通信中心时钟上有一个电报编号打印戳。

各国部队经常将车辆改装为移动通信中心。1944 年，菲律宾莱特岛（Leyte Island）塔克洛班（Tacloban），这辆 DUKW 水陆两用卡车就被美军加装了顶棚，以容纳通信设备。其左侧车尾安装了两个 DR-8 卷线盘，而地面上的 12 伏电池正在为一部被拆下来的电台供电。（美国贝特曼档案馆 / 美国科比斯图片社）

收件人、信息编号、优先级以及收发时间也要记录下来。没有任务的传令兵会在通信中心等候被派遣。通信中心的人员常用的设备包括打字机、解密 / 加密设备和高精度时钟（用于与通用时间保持一致），他们还经常根据相关要求铺设地空识别信号布。

一名德军电话接线员正在誊录炮兵部队发来的消息，并准备将其交给传令兵。注意，他配备了一部 33 型野战电话和一个通信部队使用的支架卷线盘。（胡尔顿 – 多伊奇收藏 / 美国科比斯图片社）

电报优先级

电报优先级旨在根据电报的重要性来评定其优先级别。根据这一分级，重要的电报就能被优先发送，从而避免行动进程遭到拖延。下列为一些国家的电报优先级，从最高到最低依次为：

国家 / 优先级	美国	英国（从 1943 年起）*	日本
至急	Urgent	Emergency	至急
加急	Operational Priority	Immediate	急
急	Priority	Important	—
普通	Routine	Routine	普通

*1943 年以前，英军和英联邦军队的电报优先级从高到低依次为："Most Immediate"（至急）、"Emergency"（特急）、"Immediate"（紧急）、"Important"（重要）、"Routine"（常规，即无特别要求的电报）和"Deferred"（迟发，即不重要的电报）。但这一优先级很快就被废除，因为其不仅等级过多，而且从逻辑上难以分辨，还很容易让人困惑。

通信对抗措施

二战时，无线电通信仍处在"襁褓期"，而无线电测向、拦截和干扰等通信对抗措施也刚刚起步。

无线电测向主要用于导航，以及确定海上船只和秘密发射机的位置。直到二战后期，无线电测向才被广泛用于战术层面，并在引导火力炮击敌方的指挥所和火炮方面发挥了一定作用。但鉴于战时无线电可靠性差，许多军官都对无线电测向的价值表示怀疑，而更相信声光测距等传统炮兵定位方法。

如果能破译敌方密码，通信拦截就具有重大价值。但在现实中，密码的破译更多源自敌方操作人员的失误，而非己方的秘密策划和间谍活动。通信拦截活动一般由高级指挥机构实施，很少在战术层面开展。有些基层部队确实试图通过此举来了解敌情。但双方的基层部队一般都不会采用密码通信，就算采用密码通信，其加密方法也相当简单。这种通信对于这些部队来说已经足够，因为简单的密码也需要一定时间进行破译，而且在战术形势瞬息万变的情况下，被成功破译的密码很难在战斗中得到利用。

无线电干扰也很少在战术层面使用。二战中，双方的基层部队都使用低功率战术电台。这些电台很容易受到功率更大的敌我电台的干扰，以及各种自然因素的影响。由于可用频率有限，己方电台的频率覆盖范围经常与敌方电台的重叠。在这种情况下，大范围频率干扰很可能"误伤"己方电台。如果拦截和监听行动同时进行，干扰单位会妨碍监听活动，并导致后者无法收集信息。

20 世纪 40 年代，无线电测向尚未发展成熟。照片中，一群美国陆军通信兵正在训练如何使用笨重且简陋的 SCR-206 无线电测向仪。

部队在遭受无线电干扰时有几种选择。一种是继续工作，尽其所能地“坚持通话”，不显露出任何正在受到干扰的迹象。这样一来，敌人可能会另寻他路。另一种是切换频率，但这会造成协调问题。通常情况下，一支部队只会分到一个主频率和一个备用频率。如果主频率遭遇干扰，部队就需要切换到备用频率，但会保持原有呼号。切换到备用频率的原因有很多，避免蓄意干扰只是其中之一。当主频率因其他敌我电台使用了同一频段而受到太多干扰，或者大气条件导致主频率无法使用时，部队也会切换到备用频率。此外，部队可以微调电台，调整天线方向，或使用其他类型的天线，还可以将收发机转移到可与干扰源隔开的山丘、山脊或森林后。

单纯将电台移到 100 码外，这也许能减轻干扰，但也会导致原先清晰的频率无法使用。因此，各国在培训操作员时都强调了电台选址。选址时，高地显然对调频电台（其电波依赖视距传播）和调幅电台都有利；低洼地，还有被山丘、山脊和高大树木遮挡的地点最差。土壤潮湿地区、沼泽地和沙地都不利于无线电波反射。密林和雨林会让无线电波的覆盖范围大幅缩小，也会导致联络时断时续。如果接收单位的电台也处在密林或雨林中，情况会更糟。电台附近的电线、电话线或大型金属物体（如钢架建筑物、水塔、众多车辆）会干扰电台通信。雷暴对操作员危害很大，以至于操作员在此类天气中必须放下天线并关闭电台。尽管有些地点可以增强电台性能，但这些地点可能会与战术形势相冲突，显然不适合设置电台。

为避免情报被泄露，或防止前进部队或渗透部队被敌军发现，交战方通常会转入无线电静默（Radio Silence）。无线电静默的实施或解除都需要总部下达命令。采取无线电静默时，任何下属单位都不得违规传送电波。只有在满足特定条件或者有紧急情况时，例如出现了会威胁己方的敌军部队或飞机时，这一状态才能被打破。一旦与敌人交战，无论这是由谁发起的，部队也可以打破无线电静默状态。部队还可以执行选择性无线电静默。此时，特定部队（如增援步兵、装甲部队和炮兵部队）会停止一切无线电通信，而其他部队可以照旧使用电台。这样一来，敌军就不会察觉到前者的存在，也不会因突然的无线电静默而产生警觉。无论如何，各部队都要尽量控制无线电通信，以免泄漏情报、妨碍监听和测向工作，或者仅仅为了节省电池的电量。

另一项保密措施是让各单位更换频率，而且最理想的做法是一天一换，并在午夜进行。如果采取这种做法，那么数百个单位都要重新分配频率和呼号，每日通信指令的协调、准备和分发工作将不容小觑。战斗激烈时，这种做法就更不切实际。一旦频率更换，敌军监听分队可能会察觉到异常，并发现原监听频率的使用对象并不在其关注范围内。因此，双方的监听人员必须耐心且细致地扫描目标单位各种电台的全部可用频率，以便监测和侵入每个频率上的通信，然后才能锁定目标。

通信部队

在德军、英军和英联邦军队中，各师都配有1个通信营，而在其他国家军队中，每个师一般配有1个通信连。师属通信部队通常负责操作无线电、电报和电话系统，以支持师的指挥机构和参谋班子。这些通信部队的人员则会在基本指挥所、后备指挥所和后方指挥所等地方。师属通信部队既要向师下属单位派遣无线电小组，又要管理师指挥所下属的通信中心，还要与上级（军）指挥机构、友邻师和支援部队保持联系。师属通信部队通常都具备一定的装备维修能力，而且有时还可能向其他师属单位提供通信物资。

各旅、团和营都有各自的通信排或通信分队。像师属通信部队一样，这些通信排或通信分队也可为上级提供支持，其指挥官通常会兼任通信参谋。

对于配属各种师的通信部队，其相关细节和编制的演变不在此详述，但下列示例可以帮助我们大致了解其组织和任务。

通信部队需要掌握多种技能。照片中，一名美国陆军教官正在指导学员修理多股线缆，而这是一项烦琐的工作。

美军的步兵师通信连共有 230 人，包括连部、连部排（负责行政管理、伙食供应、修理、补给和运输）、工程排（负责架设电话线）、业务排（负责管理通信中心、机动车传令兵、电台、电话和电报）和师通信军官分队（即通信参谋部门）。美军各团和营都下设通信单位，所以一般不需要从师通信连抽调人员。师通信连的番号基本和所在师的番号相同，例如第 36 步兵师下属的第 36 通信连。

英军或英联邦军队各师一般下设 1 支 770 人的营级通信部队。这类通信部队经常被简称为“师属通信部队”，并且采用的是所在师的番号，例如“第 50 师属通信部队”。师属通信部队会将其下属人员分派到各步兵营和炮兵连。该部队负责维护所有的无线电设备，其下属单位包括 1 个小型指挥部（规模为连级）和 4 个承担不同任务的连。其中，第 1 连负责为师、3 个旅部和配属的坦克旅提供通信支援；第 2 连负责为师属炮兵指挥部及其下属炮兵团提供通信支援；第 3 连负责各旅与营部、侦察团及其下属中队、师工兵及其下属各连之间的联络；第 4 连负责坦克旅旅部及其下属坦克团（规模相当于营）的联系。

在 1942 年中期以前，苏军各步兵师都拥有 1 个 180 人的通信营。这种通信营下设 1 个小型连部（包括无线电排、电报排和传令兵排）和 1 个有线通信连（负责铺设电话线和操作电话）。后来，通信营被缩编为通信连，人数减少到 160 人，但其能力几乎没有被削弱。1 个通信连有 1 个连部、1 个无线电排、1 个传令兵排、3 个有线通信排和 1 个电报分队，其番号一般和所在师的番号不同。这种部队的规模之所以较小，是因为师属的其他部队都拥有规模相对可观的通信单位。

德军步兵师或掷弹兵师的通信营约有 470 人。这些通信营通常采用与其所在师相同的番号，但具体称谓和其他师属部队略有区别。以第 65 步兵师为例，该师的工兵营名为“第 65 工兵营”，但该师的通信营被称为“第 65 师属通信营”。1 个通信营有营部、1 个电话连（部分摩托化）、1 个无线电连（摩托化）和 1 个轻型通信后勤纵队（摩托化，规模相当于连）。其中，电话连和无线电连负责为师属单位提供通信小组，轻型通信后勤纵队负责为全师所有单位提供物资（如线缆），并负责为电池充电和修理通信设备。

日军师团的通信队有 170 人，其规模一般为中队级，但有些师团的通信队多达 240 人。1 个通信队包括 1 个小型“本部”（即指挥机构）、2 个有线通信小队、1 个无线通信小队和 1 个辎重小队（负责修理和发放通信物资）。通信队的番号与其所在师团的番号相同，例如第 4 师团的通信队的番号为“第 4 师团通信队”。

各国的军和集团军一般都配有 1 个通信营或通信团，还有许多小型专业通信单位、维修补给单位和通信工程单位。

通信部队的身份识别

各国都为通信兵配发了特殊徽章，而且这些徽章的样式各不相同。在美国陆军中，通信部队（Signal Corps）的成员都有不少绰号，如“通信人”（Commo Man）、“火花”（Sparks）、“蜂鸣器”（Buzzer）和“闪光器”（Flasher）。通信部队的成员和从其他部队派到通信部队的所有人员，无论其具体专业如何，都会在制服上佩戴一种特殊的领章。这种领章由两面交叉的信号旗和一支垂直于信号旗中间的火炬图案构成，而军官领章的信号旗上还有红色和白色的珐琅。美军通信部队的兵种色是橙色。这种颜色既被用在其士兵船形帽的绲边上，又是营和连军旗的底色。在步兵团属和步兵营属通信排中，通信兵会佩戴所在单位的兵种徽章，而不会佩戴特殊徽章。美国海军陆战队的通信兵和其他陆战队员也没有外在区别。

英国陆军皇家通信部队（Royal Corps of Signals）成立于 1920 年，其前身是皇家工兵通信部队（Royal Engineers Signals Service）。和英军其他兵种一样，皇家通信部队也是通过一个宽 0.375 英寸、长 2 英寸的长条形臂标来识别的。臂标要佩戴在作战服左右两臂的上方，并位于部队队徽靠下的位置。臂标的一半为深蓝色（位于手臂前侧），另一半为白色，总体十分醒目。军官的军衔肩章（上有星章和皇冠配饰）也有深蓝色绲边。皇家通信部队的所有成员都会在其作战服的两个袖子上各佩戴一枚带有白色“ROYAL CORPS OF SIGNALS”字样的深蓝色弧形臂章。这种弧形臂章应该由在通信办公室（即通信中心）执勤的通信兵、传令兵、通信军官，以及在通信办公室工作的其他军种士官佩戴。通信工程人员和维修人员有时也会佩戴这种弧形臂章，但这在战区不常见。英军的通信兵会被称为“通信敲字员”（Sigs Basher）、“通信佬”（Sigs Wallah），但通常被称为“吉米”

（Jimmy）或“通信吉米”（Signals Jimmy）。“吉米”“通信吉米”这两个绰号源于皇家通信部队帽徽上的罗马信使之神——“墨丘利”（Mercury）的形象，而这一形象源自意大利雕塑家詹博洛尼亚（Giambologna）的作品。这两个绰号还与20世纪20年代皇家通信部队中一位名叫“吉米·埃布勒姆”（Jimmy Emblem,字面意思恰好是“吉米徽章”）的拳击冠军有关。在步兵和装甲兵等兵种中，具备通信作业资质的士兵会佩戴一种特殊的布制臂章。这种臂章的图案是两面交叉的旗帜，其中的一面为蓝色旗帜，另一面为“白蓝白”横条旗。该徽章一般被佩戴在右袖下方中部，而一些士官会将其佩戴在军衔臂章上方。

在苏军中，通信兵和其他技术兵种人员一样均佩戴黑色领章。苏军通信兵领章的绲边为蓝色，制服和军帽的绲边为黑色，大檐帽帽墙也为黑色。

德国陆军和党卫军的通信部队（Nachrichtentruppen）的军衔肩章都带有柠檬黄色的绲边，而且其最初的肩章还绣有部队番号。这些通信部队军官的肩绳底衬和制服绲边也全部为柠檬黄色（但在1936年之前，通信兵的兵种色并不是柠檬黄色，而是浅棕色）。德军步兵部队和其他部队中的通信人员会在其军服左袖上方缝一个椭圆形的徽章，即通信人员徽章（Nachrichtenpersonal-Abzeichen）。通信人员徽章在原野灰制服上通常为深绿色，但也可能为其他颜色以搭配其他制服。这种徽章都有一个指向下方的闪电图案，而该图案的颜色与佩戴者所在单位的兵种色相同。德军的无线电员被称为“Funker”（源自德文的“Funke”，意即“火花”），而电话报务员被称为“Strippenzieher”（意即“接线员”）。

日军的“通信部队”和“电信部队”最初都隶属工兵部队。不过在1941年日军成立“通信兵监”之后，通信兵虽然依旧从属工兵，但获得了相对独立的地位。通信兵会在制服右胸口袋上方佩戴工兵的紫色“M”形兵科章，但该徽章在1940年后被停用。日军通信兵的绰号是“芋づる”（读作imozuru，意即番薯藤，因其在外观上与电话线相似）。

团级和营级步兵单位

团级和营级步兵部队中的通信排或通信分队在职责和行动方式上都颇为相似。这些通信单位的主要任务是为所在部队的参谋部门提供电话服务，并为所在部队的下属单位（营或连）、火力支援单位及友邻单位提供有线通信联络。这些通信单位还负责向团或营的下属单位提供电台，但其电台经常无法满足每个单位的需求。无线电小组经常跟随前方突击单位、前线防御单位和独立行动单位（如执行奇袭或武装侦察任务的单位）行动，也可能携带背负式电台与巡逻队同行，还负责充当炮兵前进观察员、炮兵观察哨与支援武器（如团级或营级迫击炮、步兵炮和反坦克炮）分队的联络“纽带”。

德国步兵的营级和团级部队最常用的电台是绰号为“多拉 2”的 d2 型背包式无线电设备，而照片中的该型电台隶属党卫军部队。位于照片右边的士兵背着电池 / 配件箱，正在用莫尔斯电码发报。从 c 型到 k 型的所有背包式无线电设备虽然外观相似，但频率覆盖范围不同。

美国陆军步兵团通信排		
排部	4 人	
通信中心分排	8 人	
有线通信分排	20 人	2 台电话总机、12 部电话、4 台电报机
无线电和目视通信分排	17 人	8 台 SCR-300、6 台 SCR-284
美国陆军步兵营通信排		
排部	2 人	
通信中心分排	7 人	
有线通信分排	8 人	1 台电话总机、8 部电话、1 台电报机
无线电和目视通信分排	6 人	2 台 SCR-300、1 台 SCR-284
美国海军陆战队步兵团通信排		
排部	5 人	
通信中心和传令兵分排	12 人	
有线通信分排	19 人	设备无具体规定
无线电、目视通信和信号布分排	24 人	与美国陆军步兵团通信排相似
美国海军陆战队步兵营通信排		
排部	3 人	
通信中心和传令兵分排	8 人	
有线通信分排	14 人	设备无具体规定
无线电、目视通信和信号布分排	15 人	与美国陆军步兵营通信排相似
英国步兵营通信排		
排部	4 人	
通信办公室和有线通信班	12 人	1 台电话总机、12 部电话
无线通信班	20 人	18 号电台和（或）38 号电台共 16 台
苏联步兵团通信连		
连部	11 人	
连部排	9 人	
无线电通信排	9 人	2 台电台
有线通信排	21 人	8 部电话
德国步兵团通信排		
排直属小组（排部）	3 人	

续表

德国步兵团通信排		
轻型电话小组	3 人	2 部电话
中型电话小组（2 个）	5 人	1 台电话总机、4 部电话
无线电小组（4 个）	4 人	1 台 d2 型背包式无线电设备
德国步兵营通信分队		
分队直属小组（指挥机构）	2 人	
轻型电话小组（2 个）	3 人	2 部电话
无线电小组（4 个）	4 人	1 台 d2 型背包式无线电设备
日军步兵联队通信中队		
中队本部	14 人	
有线通信小队		
小队本部	2 人	3 台电话总机
有线通信分队（5 个）	12 人	3 部电话
无线通信小队		
小队本部	2 人	
重型无线通信分队（5 个）	8 人	1 台九四式五号无线机
轻型无线通信分队	14 人	12 台九四式六号无线机
备注：日军步兵大队不设专门的通信单位，只有传令兵。		

下级作战单位的通信系统

大多数国家的军队都采用“三三制”结构，即 1 个排包括 3 个班，1 个步兵连包括 3 个排，1 个营包括 3 个步兵连，1 个团或旅包括 3 个营，以此类推。但在有些国家的军队中，某级部队下属的机动分队可能超过 3 个。此外，这些部队可能还有其他单位，例如指挥部、若干火力支援单位和其他支援单位。在通信系统方面，各级部队要尽量为其下属单位提供便利。

战术通信系统（也被称为“通信网”“通信回路”“通信环路”）在组织结构上与标准指挥系统类似。换言之，每一级部队的下属单位只能相互联络和与指挥机构联络，但不能利用电台或电话去联络通信网之外的其他单位。后文所举的例子介绍了美军步兵营的电话网和电台网络如何向下延伸到排一级。

美军步兵营电话网的覆盖范围有限。每个连只有 2 部 TS-10 声控电话和全长仅半英里的线缆。因此，连部一次只能与一个步兵排、迫击炮分排、机枪分排或一处前哨建立联络。如果接到命令，连部也会和营指挥所联络。营通信排有 8 部声控电话和 8 部 EE-8，并配有 10 英里长的线缆。这些电话大多会连接营部连的下属单位，但在有些情况下，尤其是防御时，也可通过多条专线接到各连指挥所。美国陆军条令规定：

营同时使用的电话一般不超过 2 部，即 1 部供营长及其参谋使用，1 部供观察哨使用。其他电话主要用于调试目的，或者在转移期间提供给新的指挥所。在部队快速运动时，营指挥所可以不设置电话总机，而是直接把电话连接到团的线路上。营观察哨的电话也可以接入这条线路，从而形成多方线路（Party Line）。在与前方分队保持有线通信的同时，团指挥所必须确保时刻都有 1 台总机。但在部队快速运动时，全团最多只能部署 3 部电话，即 1 部由团长和团执行官使用，1 部由其余参谋人员使用，1 部供通信中心使用。防御时，团指挥所和营指挥所都会安装更多电话，而连指挥所有时也会如此。

在 1943 年电台被广泛使用前，排与连、连与营主要通过传令兵传递信息。甚至在 1943 年后，传令兵仍是必不可少的。

1944 年 7 月 30 日，诺曼底。在从考蒙（Caumont）向南进攻期间，英军第 15（苏格兰）师格拉斯哥高地人团第 2 营的一名军士长正跟随无线电员前进，并且他使用的是 18 号电台上的第二套耳机。战场上，无线电操作员及其周围人员都是狙击手的重点目标。由于 18 号电台异常笨重，其粗大的分段杆式天线也格外显眼，这些都导致其操作员很难隐蔽。（英国帝国战争博物馆，图片编号 B8203）

战争初期，美军将 SCR-511 下发到各排。不过，这种设计笨拙且局限众多的电台从 1942 年开始就被绰号为“手持对讲机”的 SCR-536 取代。由于通话距离约为 1 英里，SCR-536 虽然可满足连内通信需求，但对巡逻队来说价值有限。另外，SCR-536 属于调幅电台，无法与营内其他电台组网，只能与另一部 SCR-536 通话。因此，美军就将这种电台配发给 3 个步兵排排长、武器排排长、连长和连执行官，而这 6 部电台会使用同一个频率。

美军的步兵营通信排会为每个连部配发 1 台 SCR-300，但这些电台由连部派去的人操作。美军所有步兵连连部和武器连连部的电台都使用同一调频频率，还要与营长的 SCR-300 相连。营指挥所通过 SCR-284 与团指挥所联络。

英军的 18 号电台在使用方式上与美军的 SCR-300 有颇多相似之处，只是在排一级的配发上比较“随意”，这取决于电台的数量和指挥习惯（但空降部队和突击队一般会获得更多电台）。由于排的伤亡率很高，英军通常不愿把电台和操作员分到排，以免熟练的操作员和宝贵的设备被浪费。直到战争后期，英军的 38 号电台才开始列装一些步兵排。1945 年出版的《步兵营通信策略》（*Signal Tactics - The Infantry Battalion*）对英军步兵营通信排 38 号电台的分配情况做了如下介绍：

整个营的 38 号电台通常会分到 1 个频段。通信军官应根据需要将该频段中的频率分配给各下属单位，而且尽量将相邻频率分给彼此相距较远的单位。该频段的带宽应宽到能包含四五个独立频率。按照要求，每个步兵连应获得 1 个频率，并且至少有 1 个频率被分给迫击炮排，1 个给载具排（装备布伦机枪车）。这些电台设备由非通信部队人员操作，并由所属分队管理。通信军官并不直接管辖这些电台的使用，但是会作为指挥官的代表在整体通信计划范围内调控其分配。例如，他可以安排 2 个下属单位直接通信，也可加强某台重要的 18 号电台的联络渠道。如果条件允许，通信军官还会与连长共同决定应为哪些步兵连的 3 个排都配备 38 号电台。由于 38 号电台的电池寿命较短，操作人员必须节约使用。

38 号电台的基本分配原则是 4 个步兵连的每个连各配备 2 台，载具排配备 6 台，迫击炮排配备 10 台，其余 4 台作为备用电台。

38 号电台还有一种分配方案，即“主攻”连 4 台，每排 1 台，连部 1 台，其他 3 个步兵连按 2 台正常分配。

1945 年 2 月 10 日，向莱茵河挺进。一名藏在散兵坑中的英国步兵无线电员配备了 38 号电台、4 英尺长的天线和喉部麦克风。（英国帝国战争博物馆，图片编号 B144810）

德军步兵团的通信排配有 4 部绰号为“多拉”的 d2 型背包式无线电设备。通常，其中的 2 部会配发给 2 个前方营，1 部给团部，1 部给团观察哨。德军步兵营的通信分队（Nachrichten-Staffel）也有 4 部“多拉”。当该营的 2 个前方连各配备 1 部，营部保留 2 部时，营部和前方连就可直接联系。该营也可为每个步兵连配备 1 部，或者为 2 个前方连各配备 1 部，为营观察哨或其他重要单位配备 1 部，而剩下那部就由营部照管。

理论上，日军联队下属的通信中队有 12 部背负式电台，而每个大队通常会配备 2 部。在大队的 2 部电台中，1 部由大队长使用，1 部会留在联队本部，以便大队与联队直接联络。其他电台可能由步兵炮中队和炮兵观测员使用。这些电台会与电话相互配合，其中电话应当优先使用，电台仅限于前进或追击时使用。

结　语

第二次世界大战是无线电通信发挥显著作用的第一场战争。不仅如此，在这场战争中，无线电通信甚至可以说是举足轻重的。对于一场全球战争，无线电通信不仅必不可少，而且在各级部队中都至关重要。无线电通信可以传递战略决策、命令和协调指示，也可拦截和挖掘情报。这些都改变了战争进程。

在战术层面，即使是最小的战斗单位，通过无线电、电报、电话和目视手段进行的通信也不容忽视。轻型便携式战术电台给部队提供了很多便利。这类设备能确保命令、情报信息和态势报告近实时传输，并且能让部队迅速请求和调整火力支援。尽管无线电技术，尤其是自动加密和卫星通信技术在战后有了巨大进步，电话和电报已经在如今的几代人中被淘汰，但在二战期间，野战电话与无线电同样重要，而且往往是战术通信的主要手段，电报的使用也比许多人所认为的广泛得多。

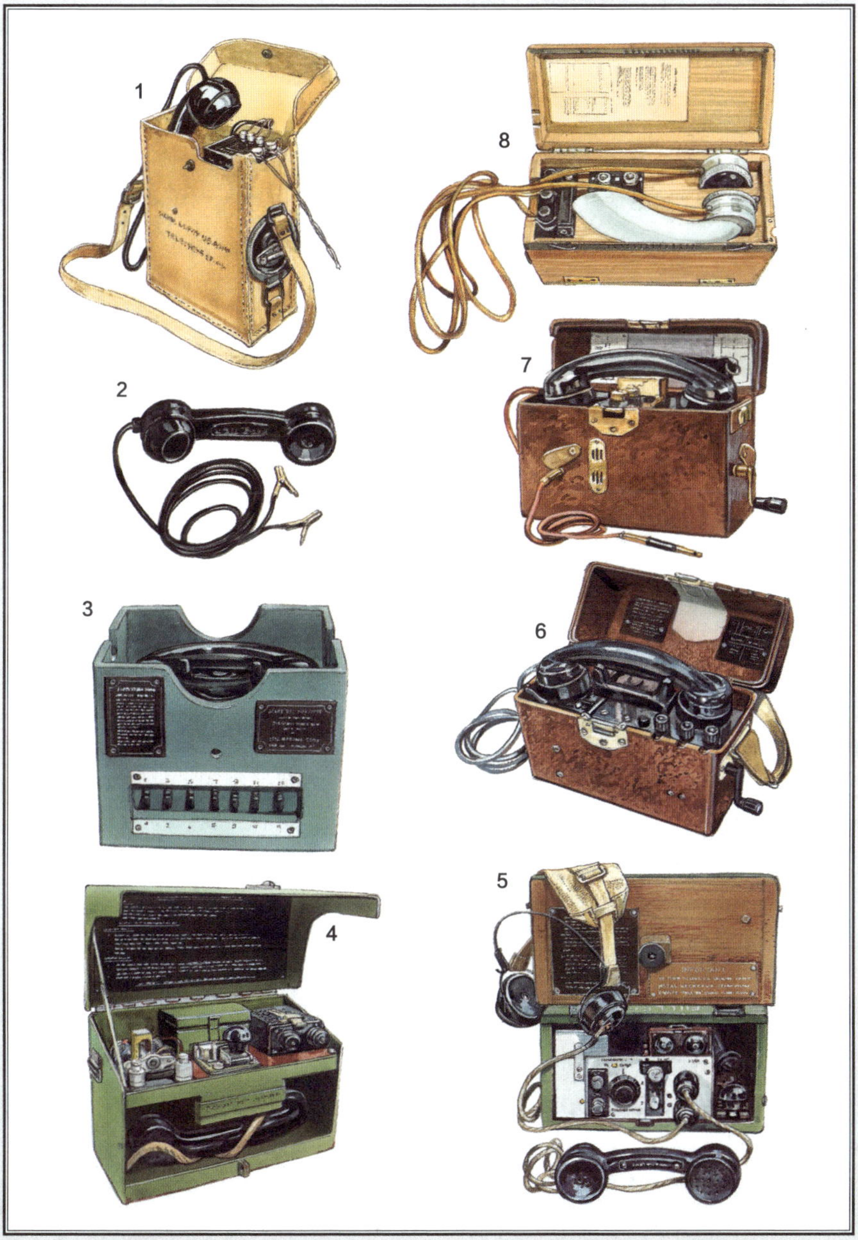

A. 野战电话

A. 野战电话

野战电话是最可靠、最安全的战术通信工具，而且被所有军队广泛使用。野战电话的外壳可能由木头制成，也可能由各种金属或合成材料（如电木）制成。大多数野战电话都会配备一个帆布袋或皮革手提袋。

1. 这是一部装在皮套中的美国陆军的 EE-8。这种野战电话曾大量供给苏联。在二战前和战争初期，EE-8 配备的是铝外壳和皮护套（尺寸为 9.375 英寸 ×7.25 英寸 ×3.5 英寸）。但由于皮革在热带地区不耐用，EE-8 后来就采用了帆布护套。EE-8 的改进型——EE-8-A 配有一个稍大些的铝外壳（尺寸为 9.5625 英寸 ×7.6875 英寸 ×3.5 英寸）和一个帆布护套。EE-8-B 采用钢外壳，没有护套，不过采用了经过处理的皮革顶部翻盖。与以往的产品相比，EE-8-B 还有其他改进，包括改进了手柄。根据规定，美军每个步兵营应配备 8 部 EE-8。

2. 结构简单的美制 TS-10 声控电话。美军每个步兵连都配有 2 部这种电话。

3. 在装备 EE-8 之前，美国海军陆战队最初使用的是 MCT-1 声控紧急电话。请注意，这部 MCT-1 声控紧急电话采用了美国海军陆战队独有的森林绿表漆。

4. 英军和英联邦军队的小分队使用的 D 型 Mk Ⅴ野战电话配备 1 套莫尔斯电码电键。

5. 英制 Mk Ⅲ富勒电话非常适合用莫尔斯电码进行远程有线通信。

6. 二战初期，苏军使用了大量进口或仿制的野战电话，而早期常用的野战电话有 UNA-I-42、UNA-F-42 和 TABIP-2。直到 1943 年，TAI-43（如图）才被苏军定为标准野战电话。

7. 德制 33 型野战电话，是一种接地回路野战电话。

8. 日制九二式电话机非常独特，有很多这种电话的听筒和其他部件都是用锌合金制造的。

B. 美军连排级电台

B. 美军营级、连级和排级电台

美军营级、连级和排级电台有四种最为常用，而且这些设备也被大量供给苏联和“自由法国”（Free France）。

1. SCR-536，又名“手持对讲机”，主要用于美军各排与连部之间的通信。使用这种电台时，操作员只需取下其天线保护盖，并拉出伸缩天线。接着，电台就开始工作。

2. SCR-511，这种绰号为“弹簧高跷电台”的奇特设备最初被用于各排和连之间的通信，但后来被 SCR-536 取代。图中，操作员的脚边有 1 部为 SCR-511 配备的 PE-157 独立电源。SCR-511 的通话开关位于天线和中部的 BC-745 收发机之间的握把内。打开通话开关后，操作员需要对着胸前的喇叭讲话，而固定喇叭的 T-39 胸挂装置中还有电池和麦克风，整体十分笨重。

3. SCR-300 是一种单兵背负式电台，也是较早具有实用意义的调频战术电台之一。这种电台主要被连级和营级部队使用。由于配套的 HS-30 耳机（图中的耳机被挂在天线基座上）设计纤细，操作者可在佩戴钢盔时使用。这种电台还配备了喉部麦克风。

4. 美国海军陆战队主要在营级部队使用 TBY 系列的“超便携”背负式电台，但有时也会将其下放到连。从 1944 年中期开始，美国海军陆战队还大量装备了 SCR-300 和 SCR-536。

C. 盟军和德军战术电台（本页插图未按比例绘制）

C. 盟军和德军战术电台

1. 英军的连与营主要通过18号电台联络。这种电台直到1940年至1941年冬季才开始列装，并且被率先配发给了在洛凯洛特（Lochailort）训练中心新组建的突击队。图中，这部18号电台顶部和底部的折叠式帆布防雨罩和钢制护板均已打开。该电台包括接收器（位于上部分）、发射机（位于下部分）和干电池盒（位于发射机背后）等部件，尺寸为10英寸×17英寸×8英寸。为方便搬运，这种电台配备的12节1英尺长的天线分段平时被储藏在背包的两侧，而在需要时可以组装起来；1根地面天线、1个莫尔斯电码电键和备用电子管则被装在一个单独的挎包内。本图还绘制了1部4号手持式麦克风（配有通话开关）和2部2号耳机（分别供操作员及其主管军官使用）。耳机配有线轭和网轭，这可使操作员在必要时将耳机戴在头盔下面。

2. 本图展示的是1943年列装的38号电台的正面（即由操作员携带时朝上的一面），以及配套的携行具（包括1根"D"字形单肩背带和1条细腰带）。38号电台只能进行语音通话，而且在通信距离上与18号电台一样，为1至5英里。在战争的最后一年，少量38号电台甚至被用于排与连的通信。这种电台重27磅，比18号电台轻7磅，而且其外形也更利于操作员隐蔽。2号接线盒被装在单独的挎包中，可使电池、耳机和2号喉部麦克风连接到设备上。

2a. 本图展示的是1945年春的38号电台操作员。此时，一些英国步兵已经穿上了丹尼森迷彩罩衫（Denison Camouflage Smock，但配备防风兜帽的版本更常见）。请注意，喉部麦克风这个创新设备可释放操作员的双手，因此很受欢迎。装有电池和接线盒的"通信挎包"被扣在的37型携行具的背带上（即操作员的背后），但有时也可斜挎在臀部旁。连接电池和麦克风的电线从操作员的左臂（图中被绘成半透明的）腋下穿过，而耳机的"Y"形导线绕到其颈后。这名操作员只配备了1个携带弹药的"基本袋"（Basic Pouch，其前方有1顶Mk Ⅲ头盔）。到诺曼底登陆时，英军有许多电台操作员都配备了斯登冲锋枪而非步枪。电台携行具钩在电台的另一侧，并通过电台背后下方的腰带进一步固定。

3. 本图的 6-PK 是苏军使用的几种便携式电台之一。这种结构平庸的电台配备包有帆布的木壳。全重 48 磅、需由 2 人携带的 6-PK 主要被用于营和团之间的联络。使用时，这种电台既可搭配杆式天线，又可与电话线直接相连。

4. 德军的 d2 型背包式无线电设备被用于营团之间的通信，以及营部与下属步兵连或支援连的通信。这种设备可以在移动中使用。使用设备时，1 人负责背负电台（左），跟在其身后的 1 人则负责背负电池 / 配件箱（右）并收发信息。由于页面有限，图中该设备的电池、耳机和手持麦克风导线的尺寸都被压缩了不少。

D. 烟火信号发射器和信号枪

D. 烟火信号发射器和信号枪

1. 美军排级或连级部队配备的两种烟火信号发射器均可发射彩色信号弹和烟幕弹，以便为己方部队标记地点。图中的 40 毫米 M4 发射器（为拆卸状态）不足 12 英寸长，可发射降落伞照明弹和集束式发光体信号弹。这些信号弹要从发射口装填，并塞到发射管底部，直到被撞针周围的弹簧固定器夹住。发射信号弹时，操作者只需用坚硬的物体猛砸发射器的基座。

1a. 这是一发 M17 白色发光体降落伞信号弹。这种信号弹一旦发射，其尾翼会最先出膛。在飞行 100 英尺后，该信号弹会自动反转。

2. 美制 37 毫米口径 M9 信号弹发射器。这种后膛装填的发射器可以发射单发或双发光体对空识别信号弹，而且只要用手掌拍击发射器底部的活塞即可发射。

2a. AN-M42 绿色 / 黄色发光体对空识别信号弹。

3. 一战结束后，英军使用的长管和短管信号手枪基本没有变化。本图展示了一把 1 英寸口径的 2 号 Mk Ⅴ信号手枪。英军还使用了一种 1.5 英寸口径的 3 号 Mk Ⅰ信号手枪。针对这些信号手枪，英军基于老式“萨姆 • 布朗”（Sam Browne）枪套开发了一种棕色皮套。但在战场上，英军更习惯将信号手枪塞在腰带里或弹药袋后面，并用颈绳将其固定住。

3a. 直径为 1 英寸的 Mk 14 红色信号弹。

4. 这把 1 号 Mk Ⅲ信号手枪由澳大利亚制造，口径为 1 英寸，枪身和枪管的材料为黄铜。不过，英国本土生产的版本采用的是锌合金的枪身和枪管。

5. 苏制 27 毫米口径 M1943 信号手枪。

6. 德国瓦尔特（Walther）公司制造的 2.6 厘米口径短管信号手枪（Leuchtpistole mit kurzem Lauf）于 1934 年问世。整个二战期间，德军都在使用这种信号手枪。

6a. 短信号弹，配有蓝色发光体。

6b. 长信号弹，配有蓝色发光体。

7. 为 LP42 信号手枪装弹的德军一等兵。这种信号枪由较廉价的钢冲压件制成。用昂贵的黑色皮革制成的枪套，其后部有固定腰带和“D”字形单肩背带，前部有清洁杆挂环。斜挎着的信号弹包最初采用皮革，但后来改用橄榄绿色帆布。整个信号弹包可容纳 18 发信号弹，而每个信号弹的底部都有编号并标明了信号弹的颜色。

7a. 这是士兵上衣口袋上别着的一个野战袖珍手电筒（Feldtaschenlampe）。该手电筒配有 1 块透明玻璃片和 3 块滤光片。当使用透明玻璃片时，这个手电筒可充当普通手电筒。通过滑动按钮，该手电筒就能发出红色、绿色或蓝色的光束。

7b. 这名士兵正在装填的是一颗多发光体信号弹。这种信号弹在发射后会先点燃 1 颗黄色发光体，再点燃 3 颗红色发光体，最后是 3 颗绿色发光体。这一发光顺序在弹体上用圆点做了标记。

8. 日本陆军装备的 35 毫米口径南部十年式（Nambu Taisho Type 10，“十年”代表的是“大正十年”，即公元 1921 年）信号手枪。

9. 日本海军特别陆战队使用的 27 毫米口径九〇式双管信号枪（“九〇”代表的是日本皇纪 2590 年，即公元 1930 年）。该部队还配备过三管版本的信号枪——三支枪管呈“品”字形排列。

E. 目视信号

E. 目视信号

目视信号种类众多，包括简单的旗语、各种信号灯、彩色烟雾等。本处仅举几例。

1. 美国陆军“摆动”旗语的信号旗为两面边长为2英尺的方形旗帜。二者分别为中间为红色方块的白底旗帜和中间为白色方块的红底旗帜。使用这种信号旗打“摆动”旗语时，部队只会选用其中的一面，而且会根据地形背景来选择。图中边长为18英寸且被对角线分割的方形信号旗则需要成对使用。日军也大量使用信号旗，而且其标准信号旗为纯红色和纯白色的。如果气象条件允许，接收方可借助双筒望远镜来读取在几英里外打出的旗语。

2. 英制“曼斯”（Mance）Mk Ⅴ日光信号镜。这种源于19世纪的技术利用了镜面反射阳光或灯光的原理。用这种日光信号镜传递信号时，使用者通过敲击按键控制装置来改变镜子的角度，从而形成闪烁的光并发送信号。情况理想时，日光信号镜的有效通信范围可达40英里，而在“接力”模式下，其通信距离可达数百英里。英联邦国家、苏联、日本等国的军队也曾使用过这种信号镜。

3. 日军的这种小型手持信号灯由箱子内的手摇发电机供电，并配有红色、琥珀色和绿色滤光片。美军和英军则装备了更大、更先进的手持信号灯，例如格里姆斯（Grimes）公司和阿尔迪斯公司的生产的信号灯，这些信号灯都配有彩色滤光片和窥孔照门，可由电池组供电，也可直接连接到车辆的供电系统上。

4. 美国M-277信号灯装置配有轻型三脚架和肩托，可以通过J-51手持式电键发送莫尔斯电码，也可扣动装置上的扳机来发送“闪烁”信号。

图5至图8绘制的都是彩色烟幕弹。

5. 英制77号Mk Ⅰ白磷弹。这种烟幕弹从1942年开始使用，于1943年2月正式列装。其改进型为装有四氯化钛发烟剂的MK Ⅱ白磷弹，这种烟幕弹采用平底设计，其外壳上有一条红色宽标志带和一条白色窄标志带。这两种烟幕弹都在其黑色电木保险旋帽下方配有“全向触发”（Allways）撞击引信。

6. 英制 83 号 MK Ⅱ烟幕弹于 1944 年列装，并配有红色、黄色、绿色或蓝色的发烟化合物。

7. 美制 M16 烟幕弹于 1943 年列装，其烟雾颜色有红色、橙色、黄色、绿色、紫色、蓝色和黑色。英制 83 号烟幕弹仿制了 M16 烟幕弹的 M6 击发装置。

8. 美制 M18 烟幕弹于 1944 年列装，其烟雾颜色有红色、黄色、绿色和紫色四种。这种烟幕弹经常与 M16 烟幕弹共同使用，而且两者外观相同，但 M18 产生的烟雾更浓密，颜色更鲜艳。

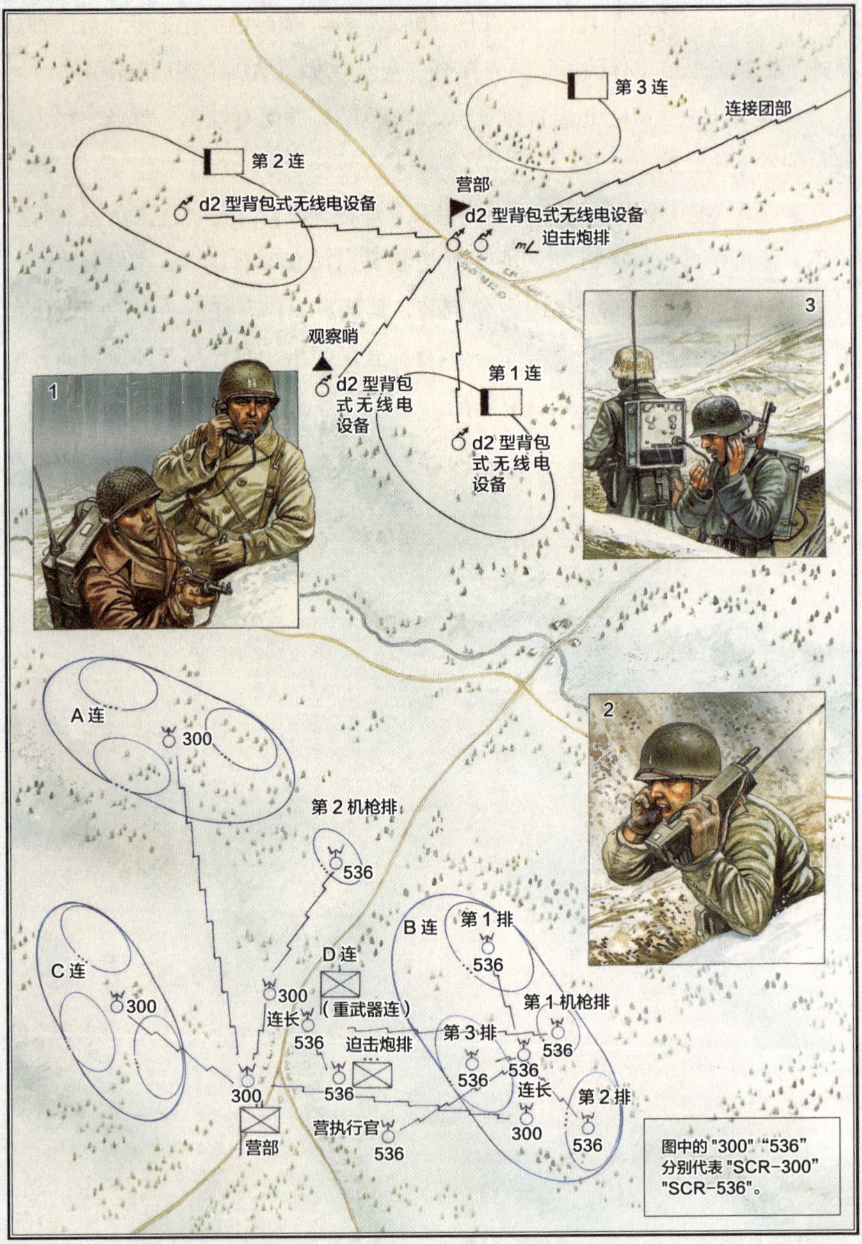

F. 1944 年，美国步兵和德国掷弹兵，营无线电网

F. 1944 年，美国步兵和德国掷弹兵，营无线电网

1944 年，美军这个步兵营配备的电台已经非常完善。其营部和团部之间通过安装在吉普车上的 SCR-284 联络。各步兵连和重武器连都配有 1 台 SCR-300（见小图 1），以便与营部的 SCR-300 通信。营部一般还会配备 1 台 SCR-300（本图未绘制），以应对特殊情况。每个连的连长和执行官、各步兵排排长及武器排排长都有 1 部 SCR-536（见小图 2），以便连内通信，但为了简单起见，本图只标出了 B 连的 SCR-536。在营重武器连连部配备的 3 部 SCR-536 中，2 部分别供连长和连执行官使用，1 部留作备用（图中未绘制）。2 个机枪排和 1 个迫击炮排也各有 1 部 SCR-536。

与之形成鲜明对比的是，对面德军的一个营只有 4 部 d2 型背包式无线电设备，而且每部电台均由 1 个来自营通信分队的 3 人无线电小组操作。营通信分队还有第五个小组，而该小组来自团通信排（Regiments-Nachrichten-Zug），负责团和营之间的直接通信。该营的 4 部电台可以按照“3 个步兵连各 1 套，营部 1 套”来分配，也可按照“2 个前方连各 1 套，营部 2 套”来分配，还可像本图一样分配，即 2 个前方连各 1 套，营部 1 套，营前进观察哨 1 套（见小图 3）。

图中，美军和德军这两个营的炮兵前进观察员和支援部队所用的电台均未绘制。

战术地图符号

战术地图符号可以显示单位、设施、活动等信息，但每个国家所用的战术地图符号系统不同，而且这些符号有数百种，超出了本书的讨论范围。然而，涉及敌我区分的内容仍值得一提，而且有助于判读本图。美军和英军会用蓝色来表示己方部队，用红色表示敌军。如果标图时只有一种颜色可用（比如只有黑色墨水或铅笔），那么就用矩形框来表示己方单位，矩形框再加一个外框表示敌方单位。苏军用红色表示己方步兵、装甲兵和后方部队，用黑色表

示己方炮兵、反坦克部队、工兵和其他支援部队，而用蓝色表示敌军。如果只有一种颜色可用，苏军会在表示敌军的符号周围画上双实线等，以突出显示。德军用黑色表示己方部队，用红色表示敌军，而日军则完全相反。

G. 美国陆军通信中心

G. 美国陆军通信中心

美国陆军各部队的通信中心（英军称之为“通信办公室”）往往决定着战术行动的成败。因此，这些通信中心的工作人员必须办事利落。通信中心采用“两班倒”的工作制度，即每班人员工作 12 小时，以便接打电话和处理人工传递的信息。这些人员还会对收到的信息进行优先级排序。如果有必要，他们会解密信息，并转发给相应的单位。所有外发的信息都必须留下记录，并且会通过指定的方式或最方便的方式转发给接收方；接收方也要核实信息，并确保其来源可靠。根据规定，信息收发应在 2 分钟内完成，但需要解密或加密的信息除外。本图展示了美军第 29 步兵师某步兵营通信中心的一个配备 EE-8 电话的 4 人小组。

1. 通信中心主管。其军衔显示他是 5 级技术军士。

2. 文书。他配有自动递进式编号印章，并且负责记录信息。

3. 传令兵调度员。他负责向传令兵交代任务，并接收后者传来的信息。

4. 译电员。他会根据需要，对信息进行加密和解密。

H. 铺设线缆

H. 铺设线缆

野战电话布线员的工作似乎无穷无尽。通常情况下，他们必须在部队进入阵地时布设线缆，而且要将线缆从上级指挥部铺到下属单位，还必须在友军前进或撤退时收回线缆。当线缆被炮火、敌方的蓄意破坏、来往的友军车辆（尤其是履带式车辆）切断时，他们也需要负责修复。为节省线缆，他们会尽量取直线布线，但必须绕过水障、沼泽、特别崎岖的地形和茂密的植被。由于车辆最容易切断线缆，布线员会尽量避开道路，并让线缆从涵洞内或从桥下穿过；如果条件不允许，他们就不得不用树木或临时电线杆将线缆架高 14 英尺。即使如此，线缆有时也会被来往的车辆挂断。在理想情况下，部队应给道路两侧铺设的线缆贴上编号标志以便维修，而且在有多条线缆交叉时更应如此。在有些情况下，尤其是在完善的防御体系中，部队还会铺设备用线路，

在菲律宾，几位颇具创意的布线员将几个 DR-8 卷线盘安放在雇来的水牛身上，而一个 DR-8 卷线盘可盘绕 0.25 千米长的线缆。

以确保通信畅通。人工埋设线缆费时费力，即使各部队都配有一种专门的埋线犁，这种工具也只能在特定的地形上使用。为了在树上架线，布线员还会配备爬杆安全带、爬杆靴和架线杆。

在铺设和回收导线时，布线员会使用一种便携式卷线盘，而卷线盘上的手摇曲柄是在回收线缆时使用的。铺设到终点时，线缆很少被就地截断，而且多余的线缆会被留在卷线盘上，以备不时之需。

1. 德军的一名布线员正利用其背后的支架卷线盘（Kabeltrommel mit Tragegerät）布设 200 米长的线缆。与支架配套的帆布和皮革衬垫可避免卷线盘接触身体。布线员可拉拽充当“刹车”的窄皮带，以避免线缆过快释放。

2. 德军的一名布线员正在用胸前的卷线盘回收线缆。他此时使用的摇柄和其他工具在平时会被装在卷线盘支架下方的皮革包中。

3. 德军装备的一种用于卷较短线缆的双手卷线盘。

4. 固定在地面支架上的德制卷线盘。

5. 美制 RL-35 线缆拖车。这种拖车可由吉普车牵引，也可由两个人拖动。其车身上装有 1 个 RL-31 卷线器和 2 个 DR-4 卷线盘，而每个卷线盘都可缠绕 1.25 英里长的线缆。

6. 美制 DR-8 手摇卷线盘，配有 0.25 英里长的突击电话线，主要被连级部队使用（值得一提的是，DR-4 和 DR-8 两种卷线盘至今仍在使用）。

二战期间，美军、英军、英联邦军队、苏军和德军的野战电话线均为黑色，只有日军的电话线为黄色。日军对此的解释是无论什么颜色的电话线都很难从空中发现，而且坚信让己方维修分队看到，尤其是在夜间看到电话线更为重要。

注释

1 出于某种原因，很多人认为维利（“Very”经常被误拼为“Verey”）手枪源自英国。但这种设备及其弹药实际是由美国海军军官爱德华·维利（Edward W. Very，1847 年至 1910 年）上尉在 1877 年研制的。维利手枪替代了从 18 世纪末就开始使用的信号火箭（这种笨重且不可靠的火箭经常在夜间使用，而且很像烟花）。维利手枪采用后膛装填式设计，使用经过改装的 10 号霰弹枪子弹弹壳来可发射各种颜色的信号弹或发光体。维利手枪后来被许多国家仿制，这些信号手枪有 12 号（18.53 毫米）口径、10 号（19.69 毫米）口径、1 英寸（26.5 毫米）口径、35 毫米口径、1.5 英寸（37 毫米）口径和 40 毫米口径的。

2 另见鱼鹰出版社出版的《二战美军两栖战术：太平洋战场》（*US World War II Amphibious Tactics: Pacific Theater*，精锐系列 117）。为标记登陆海滩的边缘和中心区域，美军和英军还会使用一种大的矩形信号布。这种信号布的左右两侧都有一根竖杆，以便将信号布固定在海滩上。信号布的颜色（如红、蓝、绿、黄、橙、白）代表登陆区，信号布的数量代表滩头编号。例如，某处海滩上铺有 2 块横向排列的蓝色信号布，这里就表示为“蓝色 2 号”。美军和英军还会用带有多种色块或方位标志的方形信号布来指定履带式车辆和轮式车辆的登陆地点，或者用其来标记各类物资（如口粮、弹药、燃料等）的放置位置。在夜间，这些颜色的信号布会被相应颜色的彩灯代替。

3 最初，“步话机”一词专门指 SCR-300 这种背负式电台，而“手持对讲机”专指手持式 SCR-536。但“步话机”一词后来使用愈发广泛，并被用来描述所有小型手持无线电设备。

4 二战期间，大多数国家都使用“兆周”（Megacycle，简写为“MC”）作为频率单位。1960 年，标准频率单位被改为“兆赫”（Megahertz，简写为“MHz”）。与此同时，英国、英军和英联邦军队则以“米”作为波长计量单位——频率为 1 千周的信号，波长为 300000 米。

参考文献

Austen, Lt Col A.F., "British Army Man-pack Radios 1940–45" in *Military Illustrated Past & Present No.50* (London; July 1992).

Buchner, Alex, *The German Army Handbook 1939–1945* (West Chester, PA; 1991).

Forty, George, *British Army Handbook 1939–1945* (Stroud, UK; Sutton Publishing, 1988).

Metsu, Pierre, *Les Matériels de la Wehrmacht – Radio/ German Radio Sets 1935–1945* (Paris; Heimdal, 2004).

Meulstee, Louis, *Wireless for the Warrior: A Technical History of Radio Communication Equipment in the British Army–Wireless Sets No. 1–88* (Wimborne, UK; Wimborne Publishing, 1998).

Sterling, Christopher H., *Military Communications: From Ancient Times to the 21st Century* (Santa Barbara, CA; ABC-CLIO, 2007).

Terret, Dulany, *United States Army in World War Ⅱ, The Signal Corps: The Emergency* (Washington, DC; Chief of Military History, 1956).

Thompson, George R.; Harris, Dixie R.; Oakes, Pauline M.; & Terrett, Dulany, *United States Army in World War Ⅱ, The Signal Corps: The Test* (Washington, DC; Center for Military History, 2003).

Thompson, George R., and Harris, Dixie R., *United States Army in World War II, The Signal Corps: The Outcome* (Washington, DC; Center for Military History, 1966).